もっと簡単に、
ずーっとキレイ！

ラクして続く、家事テク

牛尾理恵

朝日新聞出版

はじめに

家の中の空間は幸せを呼び込むためのスペース

　例えば突然、大きなホールケーキをいただいたとします。それを冷蔵庫のあきスペースで冷やしておき、落ち着いた時間にゆっくりいただくのと、冷蔵庫にスペースが確保できず、あわただしく食べたり、時間がたちぐずぐずになったものを食べるのとでは、どちらが幸せでしょうか。

　冷蔵庫に限らず家の中を整えておくことは、受け入れる準備ができているということ。その準備ができていれば、チャンスが舞い込んだときすぐにとりかかることができます。また、ものが減れば家事が減ります。家事が減れば時間が増え、時間が増えれば生活を、大げさにいえば人生を豊かにできると思います。

　とはいえ毎日の家事、なかでも掃除は本当に気が重いですよね。汚れが日々の積み重ねでできていくように、キレイを保つにも日々のちょっとした積み重ねが必要です。

　自分の習慣や思い込みを崩して新しいことをとり入れるのは、最初は大変かもしれません。家族構成も生活スタイルもみなさんそれぞれ違いますから、この本で紹介した方法をすべて真似する必要はありません。ただ、毎日単に家事をこなすのではなく、家事を通して自分がどう暮らしたいのか、どんな生き方をしたいのか、ちょっとだけ考えてみるきっかけになればと思います。

牛尾理恵

もくじ

この本の特長と使い方

いつもすっきり＆ピカピカな、牛尾さんちの家事の秘密を大公開！本書を通して、家事がラクになる牛尾さんの考え方や掃除・収納のテクニックを身につけ、家の中をキレイにしましょう。

1 まずは考え方、掃除の基礎と家事のルーティンを理解する

自分の習慣や考え方は、一度リセット！

1

片づけ脳を作る7つの考え方をレクチャー

2

家の中にどんな汚れがあるのかチェック

3

5つの掃除アイテムの特徴を把握

4

牛尾さんちの家事の流れをじっくり観察

まずは、今までの自分の習慣や考え方をリセットしてみましょう。PART1では片づけ脳を作るための7つのポイントを紹介していますので、じっくり読み込み、考え方を理解するところからスタート。

PART2では、家の中の汚れの種類や掃除アイテムの特徴をわかりやすく解説しています。牛尾さんちの家事の流れをチェックして、新しい家事テクを取り入れる準備をしていきましょう。

これで家中すっきり&ピカピカに!

2 場所ごとの掃除・収納の基本ルールをもとにラクテクを身につける

PART3〜6では、キッチン、洗面所&浴室&トイレ、リビング&ダイニング、クローゼット&寝室&玄関それぞれの場所で、牛尾さんが実践している掃除・収納法を解説。毎日ちょっと心がけるものから、しっかり掃除する方法まで紹介しています。週1回、月1回などの表示は、掃除をする頻度の目安にしてください。PART7には、料理研究家ならではの、段取りよく料理が作れるコツが満載です。

この本のきまり

- 掃除・収納のラクテク検証は、牛尾さんの理論を基準に構成しています。
- 掃除・収納道具は、牛尾さんが日常的に使っているおすすめのものを紹介しています。
- 半作りおきレシピの材料は、作りやすい分量です。計量単位は大さじ1＝15㎖、小さじ1＝5㎖です。

PART 1

いつ来客があっても恥ずかしくない状態をキープするのを目標に。

ラクしてキレイになる！

片づけ脳の作り方

最初に、基本となる7つの考え方と、ものを手放す方法をチェック。取り組みやすいところから少しずつやってみましょう。

1

まずはものを減らし家事をラクに

ものを持たないという選択

ものを多く持つということは、その数だけメンテナンスや手間がかかるということ。そして、同じ数だけストレスを感じるということです。例えば、キッチン。いつのまにか増えた鍋の収納に困っていませんか？　とりあえずシンク下に突っ込んである鍋の中から、使いたい鍋を取り出すのに毎日手間取っていませんか？　こんな小さなストレスでも、毎日毎食と積み重なっていけば、かなり疲れの原因になっているはず。どの鍋が必要なのかを見直し、数を減らせば収納がラクになり、毎回さっと取り出すことができます。また、収納場所の掃除もラクになるので、結果としてキッチンを清潔に保つことができます。

これは、家事全般に通じること。家事の「面倒」から解放されるためには、ものを減らすという選択が欠かせないのです。とはいえ、一度にものを手放すのは「もったいない」「いつか困るかもしれない」と、なかなか踏ん切りがつかないものです。まずは、家事でいちばんストレスを感じている場所から手をつけましょう。そして、解放感を味わったら次の場所へ。こうして徐々に広げていけばOKです。

ものがたくさんある
《
メンテナンスや手間が増える
✕ NG!

ものを持たない
《
家事がラクになる！
○ OK!

2

整理整頓はダイエットと同じこと

達成感を味わい、習慣化する

ものを減らして整理整頓していくと、家事のストレスが減ると同時に、気持ちのいい達成感を味わうことができます。やりとげた快感、キレイになった場所を見たり使ったりする快感は、次の家事への原動力になり、自然と習慣化していきます。

この流れは、ダイエットに似ています。体重や脂肪が減っていくと、体が軽くなってよく動けるようになってファッションも変わる、まわりの人が気づき始めてほめてくれるから、さらにダイエットに励むようになって習慣化していく。生活が少しずつ変わり、大げさにいえば人生に変化をもたらすきっかけにもなります。

自分の体形や顔は、鏡を見てチェックしますよね。それと同じように、家の中をチェックしましょう。雑然として汚れていたら、それは我が身の余分な脂肪と同じ。シェイプアップが必要です。最初は大変かもしれませんが、整理整頓もダイエットも、成果は目に見えます。家族がほめてくれたら、さらにがんばれますよね。その積み重ねが身について、習慣になれば大成功です。キレイな家はキレイな自分。そう考えて始めてみましょう。

ダイエット

体重が減る
≪
体のラインが変わってくる
≪
まわりに気づいてもらえる
≪
さらにダイエットをがんばる
≪
習慣になる
＝
整理整頓も同じ!!

3

いる・いらない・保留ボックスのすすめ

分類する習慣を身につけるのがいちばん

「今日はここを整理する」と決めたら、そこにあるものをすべて出しましょう。まずは、それらを4つのグループに分けていきます。

❶いるもの
❷まあまあいるもの
❸いるかどうか悩むもの
❹いらないもの

次に、しまってあった場所（引き出し、棚、かごなど）をキレイに掃除します。たまっていたホコリをはたくか掃除機で吸い取って、汚れを拭き取りましょう。そして、分類したグループの❶と❷をしまっていきます。その際、取り出しやすさを考えながら場所を決めるとよいでしょう。

そして、❹に分類したものは潔く手放します。ゴミに出すのがもったいないなら、リサイクルショップやフリマアプリで出品を。捨てるつもりだったと考えれば、値段にはこだわらないこと。

最後に、❸に分類したものを保留ボックスに入れましょう。ある程度の期限を設け、そのときがきたら必要かどうかをあらためて考えて決めます。その場で無理にいらないものだと決めて処分しなくても大丈夫。時間をおけば視点も変わるので、心の負担が少なくて済みます。

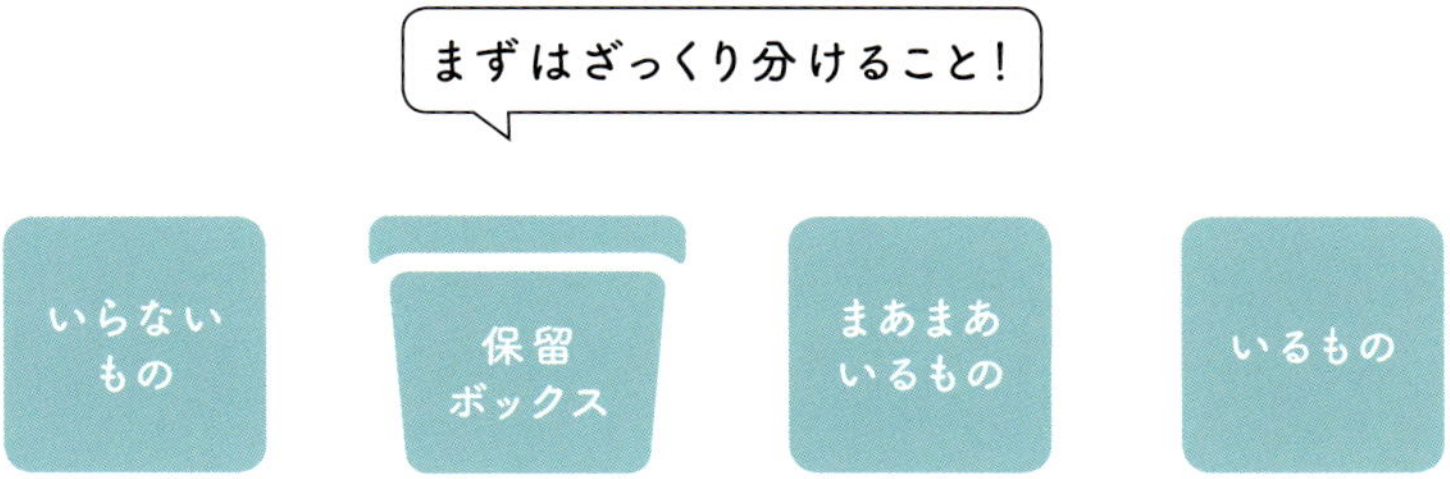

いるかどうか迷うものは、判断を一度保留に。

使用頻度は低いけれど、年に数回は必要なもの。

4

小さな場所から少しずつ片づける

思いのほか簡単に片づいたら、あとがスムーズ

キッチン、クローゼット、洗面所、リビング、浴室、玄関…。どこから整理しようか迷ったら、いちばん不自由やストレスを感じている場所を思い出しましょう。ここだ！と決めたら、その場所の引き出しや棚の1段だけ、小物収納だけ、といった小さなところから手をつけます。スペースや、ものの量が少なければ、思いのほか簡単にすっきり片づき、達成感を味わうことができます。するとテンションが上がり、「もう1段、引き出しを片づけちゃおう」と思うはず。今日すっきりさせた場所の使いやすさを実感すると、明日はどこを片づけようかとワクワクしながら考えるようになります。そうやって、どんどん範囲を広げていきましょう。

また、時間があるときは、思いきって大きな場所を整理してもよいでしょう。押し入れ、下駄箱、シンク下などを整理整頓すれば、味わえる達成感も大きくなります。そういった片づけは、生活の大きな変化があるときをきっかけにするのもおすすめ。例えば、引っ越し、転職、子どもの進級や卒業などです。また、季節の変わり目は、クローゼットや下駄箱を片づける絶好のチャンスです。

引き出し1段など

まずは小さなところから

簡単に片づけられるとどんどん調子が上がる

OK!

押し入れ・クローゼット

思いきって大きなところからでも

大きな達成感で気分すっきり！

OK!

5

「○○用」にこだわるのをやめる

種類は増やさず、シンプルに使いやすいものを

いつのまにか増えて収拾がつかなくなるものはいろいろありますが、その代表といえるのがキッチン用品と、掃除用具でしょう。これらを増やさないテクは「専用品はやめて、使いまわしのきくものを選ぶ」ことです。

キッチン用品は、自分の食生活をきちんと把握していればむやみに増えないものです。鍋や包丁類、おろし器など基本の道具は、性能を重視して数を絞りましょう。例えば、果物用、パン用、チーズ用などの専用包丁は本当に必要でしょうか。切れ味のよい三徳包丁とペティナイフなど数本があれば、事足りるはず。また、保存容器は形と容量がバラバラでは収納不可能と肝に銘じ、これと決めたものに種類を統一しましょう。

掃除用具も同じです。キッチンや浴室で使うスポンジを1種類に決め、それらが古くなったらトイレ用にお下がりしていけば0K。また、専用の洗剤も必要かどうか検討しましょう。浴室用、トイレ用、窓用、床用、換気扇用…と買っていたら、洗剤だけで戸棚が1つ必要になってしまいます。家の汚れは大まかに分けて3種類なので、それらに対処するには5つのアイテムで事足ります（≫p.38）。

ティッシュケースもいろいろ活用

引き出しに入れると取り出しにくいマスクや、生ゴミを入れる水きり用ネットなどの収納に最適。

自然素材3種類を基本に

油汚れに重曹とセスキ、水アカにクエン酸を。あとはカビ対策などでアルコールと酸素系漂白剤があれば◎。

スポンジは1種類あればOK

泡立ちや水きれがよく、へたりにくいものが◎。食器洗いと浴室掃除で使い分け、引退したらトイレ掃除用に。

6

無駄な買い物を避けるコツ

本当に必要なものなのかを一度考える

ものを減らし、整理整頓を習慣にしても、ものは家の中に入ってきます。そのおもな原因は買い物でしょうから、吟味して納得のいくものだけを買いましょう。それは、経済的な節約にもなります。

家の中で場所をとる買い物といえば、洋服、靴、バッグではないでしょうか。クローゼットの引き出しに、余裕はありますか？　Tシャツ1枚、靴下1足でも、買うときには吟味が必要。品質やサイズに注意するだけでなく、「本当に必要か」「収納する場所は確保できるか」を考えることも重要と心得ましょう。

また前述の通り、掃除用具も必要最低限のものを準備しておけば、場所をとらず、在庫管理の手間も減らせます。

そしてもうひとつ、買い物で吟味が必要なのは食材です。「安いから買っておこう」は禁物。冷蔵庫や収納庫に余裕があるかなど、一呼吸おいて考えましょう。余分な食材を買えば、すぐには食べきれないので保存しなくてはならず、手間が増えることにも…。とはいえ、買う予定はなかったけれど、旬で鮮度のよいものを見つけたら買って献立をチェンジ！という柔軟さも必要でしょう。

買い物するときは吟味する

《

納得のいくものだけを家に入れる

掃除には自然素材のもの

紙製ウエスも

＝

節約につながる！

7

人を呼ぶことでキレイを保つ

いつ誰に見られても平気な部屋に

　整理整頓と掃除の最終到達点は、やはり「お客様が来ても恥ずかしくない」状態です。このために、人を招いてもてなすことを習慣にしましょう。もてなすといっても大げさなことでなく、お茶会を開くくらいでよいのです。来客があるなら、最低でもリビングやダイニングキッチン、トイレ、玄関をキレイにしなくてはなりません。そこで、いざお客様の目線で見直すと、普段見過ごしていた場所に気づくはずです。例えばスリッパラック。ホコリだらけではないですか？ リビングで座った位置から見える窓が曇っていませんか？こんな視点の変化も、部屋をキレイに保ついいきっかけになるでしょう。

　また、自分が人の家に招かれたときに、気になったことをメモしておくのもよい方法です。マイナス点だけでなく、真似したくなるプラス点も忘れずに。例えば、洗面所にゲスト用のミニタオルが用意されていた、コートラックにハンガーがあったなど、客として自分がうれしかったことです。

　最初は少しずつ部分的にスタートさせ、最終的には「いつお客様が来ても大丈夫！」な部屋を目指しましょう。

キレイを保つと こんないいことが

1 時間に余裕ができる

2 ストレスフリー

3 お金がたまる！

部屋がキレイになると、片づけや掃除をする時間が短縮され、時間に余裕ができます。すると、探し物もなくなり、すっきりとした気分で過ごせてストレスフリーに。そのため、余分な買い物や衝動買いもしなくなって無駄遣いが減り、お金がたまるのです。

＼不用品にさようなら！／

もの別 正しい捨て方

ものを捨てるには、テクニックも必要。捨てると決めたら、ゴミ箱に放り投げるのではなく、スマートに手放す方法を考えて。

1

捨てる前にリサイクルショップやフリマアプリも利用

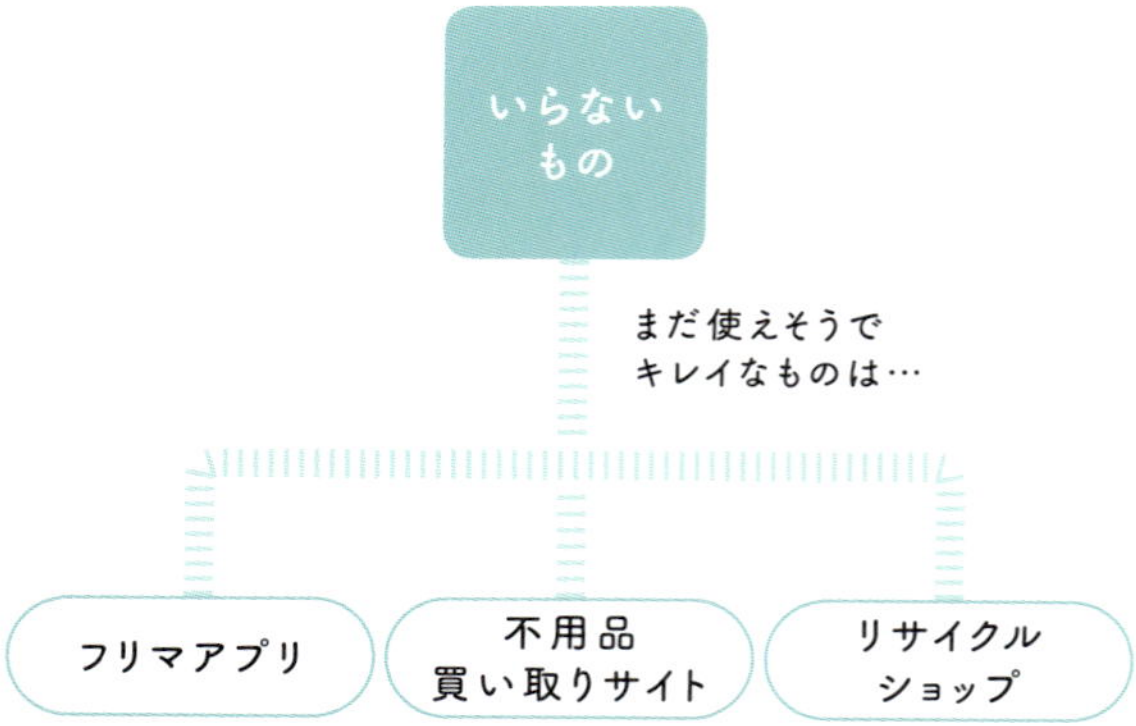

ゴミにする前に有効利用！

もったいないと思ったら捨てずに有効利用を

自分にとっては不用品でも、ゴミに出すのはためらわれる、もったいないと思ったら、捨てずに有効利用しましょう。欲しい人、必要な人に引き取ってもらえれば、ただ捨てるのと違って気がラクです。まずは、リサイクルショップ、不用品買い取りサイト、フリマアプリをチェックし、どこに出すのがベターかを調べましょう。

リサイクルショップ

店によってしくみが違うので要チェック

リサイクルショップには、なんでも広く扱う店と専門店（ブランド品、着物、時計など）があります。また、店頭への持ち込みが必要な店と出張査定してくれる店、委託販売と買い取り制などの違いも。まずはホームページでしくみを調べてから選ぶとよいでしょう。

不用品買い取りサイト

楽天やAmazonなどから申し込める

おなじみのショッピングサイトで申し込める、不用品の買い取り。知らない業者に申し込むのは不安なものですが、大手なら安心して送ることができます。また、洋服や靴などは、販売とともに下取りをするショップもあり、ポイントやクーポンと交換してくれます。

フリマアプリ

スマホで撮影→出品の手軽さが魅力

フリマアプリがリサイクルや不用品買い取りと大きく違うのは、自分で価格を設定できるところ。出品手数料不要で決済は代行してもらえることも特色です。また、買う人も気軽にスマホでチェックできるため、意外なマッチングが期待できるといわれています。

memo

不要になった家電や家具は無料で出品

粗大ごみ、家電のリサイクルに払う費用は決して安くありません。それなら、フリマに「無料であげます」と出品してみては。

2

ゴミの正しい分け方と出し方を確認

大きく分けて4種類。ルールを守って出すこと

自治体によって違いますが、可燃ゴミ、不燃ゴミ、資源ゴミ、粗大ゴミの4つに分けられます。各グループにはどんなゴミが含まれるのか、どんな出し方をすればよいのか、自治体のホームページなどで調べることが大事。これらのルールを守らないと、処分場にダメージを与え、ゴミ集積所に害虫が出たりするので気をつけましょう。

可燃ゴミ　週2回

ふたのできる容器か、中身の見える袋に入れて出す。

■ 生ゴミ

食材の切りくず、貝殻、卵殻など。水けをきって出す。

■ 紙くず、衣類

ティッシュ、紙おむつ（汚物は除く）、混紡衣類（ビニール、革を含む）など。衣類は資源ゴミで別途回収も。

■ 廃食用油

油の温度を完全に冷まし、紙や布にしみ込ませるか、凝固剤で固めること。

■ プラスチック類

プラスチック製の容器や包装、発泡スチロール製品、ラップ、ビニール、ペットボトルのキャップとラベル、保冷剤、CDなど。

■ ゴム革製品

ボール、草履、手袋、バッグ類、ホースなど。靴、カバンは資源ゴミで別途回収も。

■ 少量の木くず

束ねて50cmくらいの長さであれば出せる。これ以上多量の場合は有料。

不燃ゴミ　月1回

ふたのできる容器か、中身の見える袋に入れて出す。

■ 小型の金属類、鉄製ハンガー

鍋、フライパン、ワイヤーハンガーなど、30cmくらいまでの大きさのものに限る。

■ 乾電池、LED電球・蛍光管、白熱電球、割れた蛍光管

割れているものは、危険物として紙に包む。

■ 陶器、ガラス類

陶磁器製の食器、コップやグラス、鏡など。危険物なので中身の見える袋にまとめる。

■ アルミホイル、ライター、ビニール傘、使い捨てカイロ、塗料用スプレー缶など

なかでもライター、スプレーは危険物なので、中身の見える小袋にまとめる。

＊渋谷区の場合。2018年7月現在。

3 ゴミ収集日の前が整理するタイミング

収集日を把握すれば片づけるチャンスが増加

ゴミ収集日を整理整頓のきっかけにするのもおすすめ。たとえば不燃ゴミの場合、自治体によって違いますが、食器や鍋が含まれるなら、キッチン整理のきっかけになります。革靴や傘が含まれるなら、玄関まわりの整理をしましょう。また、プラスチックゴミの前日は、古くなった保存容器などをまとめて片づけるチャンスです。

粗大ゴミ（有料）　随時

無料の定期的な回収はされないので、申し込みが必要。

■ 家具などの大きなゴミ（おおむね30㎝角以上のもの）

電話かインターネットで申し込み、金額と収集日を確認。有料粗大ゴミ処理券を買ってゴミに貼り、決められた時間と場所に出す。

資源ゴミ　週1回

種類を混ぜず分別し、紙類以外は中身の見える袋に入れる。

■ 蛍光管類

従来型の蛍光管で、割れていないものが対象。割れないよう、購入時のケースなどに入れる。

■ スプレー缶、カセットボンベ

中身が入ったままでは、清掃車両火災の原因に。使いきって、中身の見える袋に入れる。

■ ペットボトル

PETマークのあるものが対象。水ですすぎ、つぶす。ふたとラベルは可燃ゴミへ。

■ 新聞紙、本、雑誌、段ボール

新聞の折り込み広告は新聞と一緒に、封筒やメモ用紙は雑誌と一緒にまとめ、袋には入れず種類別にしばる。

■ 瓶

キャップをはずして水ですすぎ、中身の見える袋に入れる。化粧品や油の瓶、割れた瓶は不燃ゴミへ。

■ 缶

水ですすぎ、中身の見える袋に入れる。油や塗料の缶は出せない。

memo

家電ゴミは収集されないのでリサイクルに

エアコン、テレビ、冷蔵庫・冷凍庫、洗濯機・衣類乾燥機、パソコンなどは、専門リサイクル業者、メーカー、販売店でリサイクルを申し込んで。（有料）

PART 2

スムーズな家事には、すっきりとしたダイニングテーブルが重要。

ポイントを押さえて！

掃除の基礎知識&家事のルーティン

掃除をする際は、どんな汚れがどんな方法で落とせるのか知っておくとラクです。我が家の家事の流れも参考にしてみてください。

Q 鍋の焦げの落とし方、どっちがラク？

焦げは
こすり洗いが
基本でしょ？

A

たわしでゴシゴシこする

NG! たわしでひたすらゴシゴシこすっても、焦げはなかなか落ちず、本当に大変。

こすり洗いは非効率！
鍋に傷がつく原因にも

たわしやクレンザーなどを使ったこすり洗いは、焦げつきを物理的に落としていくものです。この場合、こする力がかなり必要で、とても手間がかかります。そのうえ、鍋に傷がつきやすいという、デメリットだらけの方法。焦げをキレイに落としたいのなら、重曹のパワーで焦げを浮かせるのがおすすめです。これなら、余計な時間をかけることなく、手軽に焦げ落としができます。

つるんと
取れて断然ラク

B

重曹＋水で焦げを浮かせる

OK!

火にかけたとき蒸発してしまわないくらいの水量を。重曹は適量。
※アルミ製の鍋には使えません。

重曹のパワーで焦げがはがれやすく！

鍋の内側の焦げつきは、重曹で煮洗いするのが正解。まず水を張ってから、焦げ部分に重曹をふりかけ、火にかけます。すると、重曹が発泡して焦げつきを浮き上がらせるのです。冷めてから軽くこすれば、焦げをラクに落とせます。鍋の他、鉄・ステンレス製のオーブンの天板、コンロの五徳などにも有効。長年かけてついた鍋の外側の焦げつきも、ひとまわり大きな鍋に入れて同様にキレイに。

＼まずは汚れの特徴を確認／

知っておきたい汚れの種類

家の中の汚れは、大きく分けて3種類。どこにどんな汚れが多くて、どんな特徴があるのかを知れば、無駄のない掃除ができます。

家の中の汚れは3種類

1 油汚れ

キッチンのガス台まわりや換気扇の汚れの他、スイッチパネルや床など、手や足で触れる場所につくアカも油汚れ。

2 水アカ汚れ

水に含まれるカルシウムなどを原因とする汚れ。キッチンのシンクや蛇口、洗面台、浴室などの水まわりに多くたまる。

3 カビ汚れ

湿気がこもる場所に多く、浴室と洗面所はもちろん、窓のサッシ、エアコン、玄関、クローゼット、押し入れなども要注意。

汚れの種類を知って洗剤や掃除法を使い分ける

掃除機などを使って取れるホコリ、ゴミ、髪の毛などを除けば、家の中の汚れは、油、水アカ、カビの3種類です。どの汚れも、ためると取り除くのが大変なので、軽いうちに取り除くのが肝心。3つの汚れにはそれぞれ特徴があり、適した洗剤と掃除法を用いれば効果的に取り除くことができます。間違った方法では効果が出ないうえ、悪化させることもあるので気をつけましょう。

1 油汚れ

どんな汚れ？

酸性の汚れ

放置していた油はねや手アカは、温度などの影響で酸化して酸性の汚れに。ホコリやチリが加わって固まると、手ごわい。

場所はどのあたり？

- キッチンのコンロ
- 換気扇まわり
- テーブルまわり
- 洗面所まわり
- ドアノブ
- 床・壁

etc...

キッチンでは、天井の照明まわりも油汚れがつきやすい。また、手アカがつきやすいところでは、スイッチパネル、リモコンなども見逃しがち。

キッチンの油や皮脂によるベタベタ汚れ

キッチンの油汚れは、揚げ物、炒め物、焼き物などの調理が原因です。飛び散った油にはホコリやチリが付着しやすく、放置すると固まって取り除きにくくなってしまいます。そして、目に見える油はねだけでなく、空気中にオイルミストとなって拡散し、天井、壁、食器棚、冷蔵庫などにもたまるので要注意。また、手アカは皮脂が原因。手や足で触れるところすべてにたまっていると考えて。

2 水アカ汚れ

どんな汚れ？

アルカリ性の汚れ

水道水に含まれているカルシウムなどのミネラル分、石けんカスが原因で、アルカリ性の汚れ。

場所はどのあたり？

- キッチンのシンクや蛇口
- 洗面台や蛇口
- 浴室の鏡や蛇口
- 浴槽の内側
- 便器の内側
- トイレタンクの吐《と》水口《すいこう》

etc...

この他、やかんやポットの内側やふたの裏側、グラスなどガラス製の食器、加湿器なども、しつこい水アカがつきやすいところ。

飛びはねた水滴が蒸発して白くなる汚れ

水アカは、水道水の飛び散りを放置することで水分が蒸発し、カルシウムなどのミネラル分が白く残る汚れです。水滴は毎日同じ場所に飛び散るため、水アカはどんどん重なり、固く厚くなってしつこい汚れになります。また、水アカが落ちにくいのは、固く重なり合うだけでなく、石けんカスなどの成分と結合する性質があるから。気がついたらすぐに落とすなど、早めの対処が大事です。

3 カビ汚れ

どんな汚れ？

カビやバクテリアの汚れ

カビ、バクテリアは、表面だけでなく内部にまで広がる汚れ。発生を予防する対処法と殺菌などの対処法が必要。

場所はどのあたり？

- キッチンの排水口
- 洗面所の排水口
- 浴室の排水口
- 浴室の天井・壁
- 便器の内側
- 便器のふち裏
- ウッドデッキ
- 押し入れ・クローゼット

etc...

水まわり全般はもちろん、エアコンや加湿器なども要チェック。また、雨漏りや水漏れがあると、壁や天井に発生することも。

湿度と温度、栄養の3条件が揃って増殖

カビ、バクテリア、酵母などは、汚れであることはもちろん、アレルギーや病気の原因になるので見過ごせません。種類はいろいろありますが、おもに浴室で見られるのは黒カビや、ピンク色のぬめり（細菌のメチロバクテリウム、酵母菌のロドトルラ）といわれます。カビは湿気があるほうが発生しやすいですが、バクテリアには乾燥に強いものもあるので、適した対処法が必要です。

＼掃除が断然ラクになる！／

5つの掃除アイテム

キッチンや窓など「場所」ごとに洗剤を変えるのではなく「汚れの種類」に応じてこの５つを揃えるのが◎。幅広く使えて効果抜群。

アルカリ性の汚れに 1

クエン酸

カリカリの落ちにくい水アカをしっかり落とす！

レモンや梅干しなどに含まれる酸性の粉末。市販品は、さつまいもでんぷんなどから作られたものです。アルミや大理石製品には使えません。他の洗剤などと併用すると有毒ガスが出るので、単体で使います。

酸性の汚れに 2

重曹

軽い油汚れや焦げ落としに最適な自然素材

弱アルカリ性の粉末で「炭酸水素ナトリウム（重炭酸ソーダ）」の通称。畳や白木などの天然素材、アルミ製品には使えません。市販品には、掃除用と食用があります。誤って掃除用を口にしないよう注意しましょう。

さらにあると便利な洗剤いろいろ

中性洗剤（食器用、住居用）

酸性でもアルカリ性でもない中性洗剤。食器用も住居用も、素材を選ばず使えるので安心です。

塩素系漂白剤

強力な漂白・殺菌効果が特徴。キッチン用品の殺菌、ひどいカビの除去などに向いています。

トイレ用拭き取り剤

私がよく使うのは、ライオンの「まめピカ」。トイレットペーパーで手軽に拭き掃除ができます。

酸性の汚れに

3 セスキ炭酸ソーダ

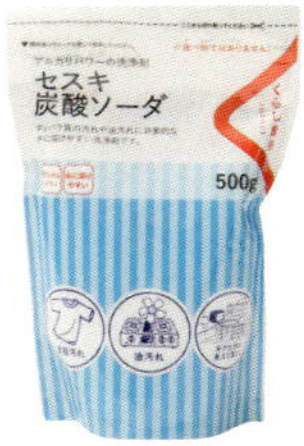

油汚れが劇的にすっきり!
ただし二度拭きが必要

重曹よりもアルカリ度が高く、しつこい油汚れを落とすのに向いています。粉末タイプ、液状タイプが市販されていて、粉末タイプは水に溶かして使います。畳や白木などの天然素材、アルミ製品には使えません。

酸性の汚れに

4 アルコール

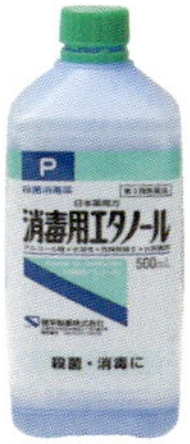

手アカなどの軽い油汚れ
落としや殺菌に

掃除や殺菌には「消毒用エタノール」が◎。少量なら口にしても安心、水にも油にも混じりやすい、速く乾くといった点がメリットです。引火性があり、塗料やニスを溶かすので、使う場所には注意。

カビやバクテリアの汚れに

5 酸素系漂白剤

浴室などのカビを
根こそぎ落とす!

塩素系や還元系などと比べると、効果がマイルドで使いやすいのがポイント。液体と粉末の2タイプがあります。浴室のカビやバクテリアの除去、漂白、除菌などに効果があり、素材によっては洗濯にも使えます。

memo

除菌・消臭剤も常備して
気になるにおいの対策を

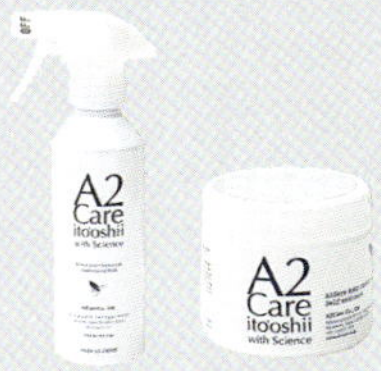

衣類、部屋、トイレ、冷蔵庫、玄関などさまざまなにおい対策には、エーツーケアの「A2Care」が効果を発揮。ウイルスや細菌、カビ、アレルギー物質に働きかける、無色で無臭の除菌・消臭剤です。

1 クエン酸

正体は？

食品に含まれる酸っぱい成分

果物や野菜の有機酸で、レモンや梅干しの酸味のもと。市販品はでんぷんなどを発酵させて作られる。

特徴は？

水に溶けやすく、酸性

水に溶けやすい性質を利用して、酸味づけや、食品添加物やサプリメントの原料としてもよく用いられる。

におい・揮発性は？

無臭で揮発性なし

同じく酸性の酢には揮発性があるが、クエン酸は揮発性がなく無臭で、掃除に使いやすい。

保存法は？

密閉容器で常温保存

湿気で固まるので注意。ガラス製の容器が◎。金属製と、ものによってはプラスチック製はNG。

得意なことは？

アルカリ性の汚れ

水アカなどアルカリ性の汚れを取り除く。尿もアルカリ性なので、トイレのにおい、便器の汚れなどにも。

苦手なことは？

油汚れ、皮脂汚れ

キッチンなどの油汚れ、脂とタンパク質が原因の衣服の汚れは落とせない。

水に溶かして水アカなどアルカリ性の汚れに

　クエン酸は、酸性なのでカルシウムなどを溶かし、アルカリ性の汚れを中和して取り除く働きがあります。例えば、水まわりやポットなどの水アカ掃除に使う他、トイレのアンモニア臭や便器についた汚れもキレイにすることができます。また、石けん洗濯や石けんシャンプーの仕上げとしても使えます。

知っておきたい！　クエン酸水

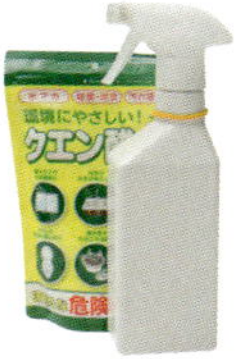

クエン酸と水をスプレーボトルに入れて溶かし、掃除に使用。保存できないので、１日で使いきれる量だけ作る。余ったら、排水口に流して除菌・消臭に。

＊水500mℓに対してクエン酸10ｇの割合が基本です。

スプレーボトルにクエン酸小さじ１と1/2を入れる。

水400mℓを加えてキャップを閉め、容器をふって溶かす。

目からウロコの得意ワザ！

シンクにスプレー
» p.73

クエン酸水をシュッと吹きかけておけば、においの予防にも。

排水口に重曹&クエン酸水 » p.75

掃除が終わった排水口に重曹をふりかけ、クエン酸水をスプレーすると泡立って、除菌・消臭に。

製氷機でクエン酸氷
» p.105

クエン酸水を製氷機のタンクに入れて、氷を作るだけ。できた氷は食べられないので、忘れずメモを。

シャワーヘッドのつけおき » p.162

シャワーヘッドの構造は複雑なので、バケツにクエン酸水を作ってつけおきするのが正解。

鏡にクエン酸パック
» p.163

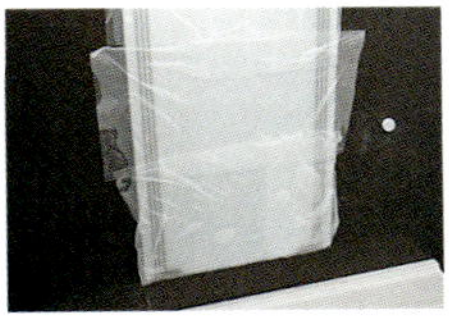

浴室の鏡、蛇口のしつこい水アカは、キッチンペーパーを使ってしっかりパックしてからこする。

便器の内側にもクエン酸パック » p.172

尿の汚れが固まっているので、トイレットペーパーを敷いてクエン酸水をたっぷりかけ、時間をかけてパック。

2 重曹

正体は？

ベーキングパウダーの主成分

化学名は炭酸水素ナトリウム。炭酸ガスを発生させるので、ベーキングパウダーの主成分にもなる。

特徴は？

水に溶けにくく、弱アルカリ性

粒子はとても細かいが、水に溶けにくい。弱アルカリ性。セスキ炭酸ソーダよりもアルカリ度は低い。

におい・揮発性は？

無臭で揮発性なし

加熱すると炭酸ガスを発生するが、揮発性はなく無臭。焼き菓子作りなどに使うと、わずかに苦みがある。

保存法は？

常温で長期保存が可能

常温では安定しているので長期保存できる。湿気で固まるので密閉容器に移すとよい。

得意なことは？

焦げや軽い油汚れ（研磨作用による）

磨き粉として使うと、焦げを落とせる。ひどい焦げつきは、水と加熱して発泡させ、浮き上がらせる。

苦手なことは？

ひどい油汚れ

あまりにもベトベトの油汚れ、アルカリ性の強い汚れは落とせない。洗濯にも不向き。

食用と掃除用を間違えないよう注意して使って

重曹は、蒸しパンを膨らませるなどの食用の他に、ナチュラルクリーニング用のアイテムとしても注目されています。上手に使えばとても優秀な働きをするので、性質と使いこなし方を理解しましょう。掃除用のものは、ざらざらとしていて不純物が多めなので、間違えて食用にしないように注意しましょう。

作ってみたい！　重曹ペースト

水を加えペースト状にすると、汚れにしっかり密着して油脂やタンパク質をある程度分解。研磨もしやすくなる。

容器に重曹を適量入れ、水を少しずつ加えていく。

古歯ブラシで練り、ペースト状にする。

目からウロコの得意ワザ！

排水口に重曹&クエン酸水 »p.75

クエン酸水と重曹を使えば、炭酸ガスの泡が汚れを浮き上がらせる。においやぬめりがすっきり。

コンロの細部に »p.80

焦げつきや軽い油汚れは、重曹ペーストでこすり洗い。古歯ブラシでこすれば、細かいところが磨きやすい。

魚用グリルに »p.82

受け皿に水を入れ、汚れに重曹をふりかけて加熱。冷めてからスポンジなどでこすれば、魚のにおいも取れる。

手ごわい水アカに重曹ペースト »p.163

シャワーヘッドなどは、重曹ペーストをつけた古歯ブラシで、細かいところまで磨く。

便器の内側のこすり洗い »p.173

尿石や水アカは、クエン酸水でパックした後に重曹をふりかけ、スポンジでこすり洗い。

布製ソファにふりかけて »p.186

重曹をふりかけて10分ほどおき、掃除機で吸い取れば、においがすっきり取れる。

3 セスキ炭酸ソーダ

正体は？

入浴剤や洗剤に使われるアルカリ剤

化学名はセスキ炭酸ナトリウム。市販の入浴剤や洗剤の原料にも使われている化合物。

特徴は？

水に溶けやすく、弱アルカリ性

重曹と違って水に溶けやすく、スプレーして使える。また、重曹よりアルカリ度が高い。

におい・揮発性は？

無臭で揮発性なし

揮発性はなく無臭なので、壁や天井、照明器具などリビングでも使いやすい。

保存法は？

常温で長期保存が可能

常温で安定しており、密閉容器に入れて湿気を避ければ長期保存が可能。

得意なことは？

油汚れや血液汚れの除去、消臭

皮脂や手アカ、ベタベタした油汚れを落とし、消臭する。タンパク質をある程度分解するので血液汚れにも。

苦手なことは？

素材によっては使えない

アルミ製品や天然素材は変色するので使えない。また、タンパク質を溶かすので使用の際は手荒れの防止を。

キッチンまわりの油汚れ、手アカ汚れもすっきり

セスキ炭酸ソーダは、炭酸ナトリウムと重曹を混ぜたもの。水に溶けやすく、手荒れしにくいので人気が高まっています。弱アルカリ性なので酸化した油汚れなどに強く、特にキッチンで活躍します。その力は工業的にも利用されており、絹、羊毛、木綿などの、脂肪や不純物を取り除くのにも活躍しています。

知っておきたい！　セスキ水

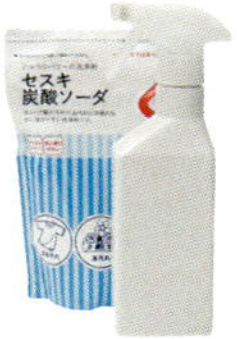

水に溶かしてスプレーボトルに入れれば、どんな場所も手軽に掃除できる。続けて拭いていると白く残る場合があるので、最後に水拭きを。

＊水400～500mℓに対してセスキ炭酸ソーダ5ｇの割合が基本です。

スプレーボトルにセスキ炭酸ソーダ小さじ１を入れる。

水400mℓを加えてキャップを閉め、容器をふって溶かす。

目からウロコの得意ワザ！

コンロの油汚れに
» p.80

その都度掃除するのに最適。セスキ水をスプレーし、ファイバークロスで拭けば汚れがたまらない。

コンロ側の壁に
» p.83

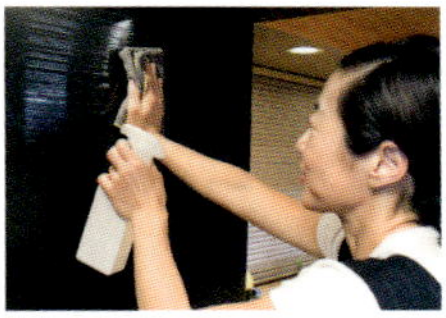

使い終わって温かさが残るうちにスプレーし、さっと拭けば完了。手軽なので、その都度掃除して。

換気扇まわりの油汚れに
» p.87

油とホコリが混ざった汚れに、まんべんなくスプレー。しばらくおいてから、拭き取る。

冷蔵庫の上のベタベタ汚れに
» p.103

放置すると頑固な汚れになる場所。なるべく短い周期でスプレー&さっと拭きの習慣を。

浴室の軽い湯アカに
» p.164

石けん水などがつきやすい壁には、全体にスプレーしてから、スポンジでこする。

電球の傘の拭き掃除に
» p.184

ホコリを払ってから、スプレー&さっと拭き。曇りが気になるときは水で二度拭きを。

4 アルコール

正体は？

酒に含まれるアルコールとほぼ同じ

エタノールは別名「酒精」とも呼ばれる、酒の主成分。食品添加物としても広く利用されている。

特徴は？

殺菌効果がありカビ予防にも

消毒用エタノールには、殺菌力がある。キッチンでの除菌や浴室のカビ予防にもぴったり。

におい・揮発性は？

ツンとしたにおいで揮発性が高い

揮発性は高く、アルコールのにおいがある。拭き掃除の後、すぐに揮発するので、水けを嫌うところに向く。

保存法は？

空気に触れないよう密閉保存

揮発性が高いので密閉し、冷暗所に保存する。引火性が強いため火気に注意。

得意なことは？

手アカなどの除去、拭き上げて光らせる

鏡、スイッチパネル、リモコン、ガラスなどの手アカを取り除いてピカピカに。

苦手なことは？

水アカ、頑固な油汚れ

水まわりやキッチンのひどい汚れは落ちない。ニスや塗料をはがす、革製品のツヤをなくす作用もある。

揮発性が高く、拭くだけでピカピカに。殺菌にも

アルコールで掃除をするのなら、「消毒用エタノール」がおすすめ。高い殺菌効果があるのでキッチンまわりや冷蔵庫の中など、清潔を保ちたい場所に最適です。浴室のカビ予防にも有効。水と油の両方になじむので、油汚れ落としにも使えます。また、揮発性なので電化製品など水けを嫌うところの掃除にも便利です。

どんなふうに使う？

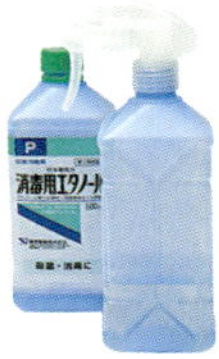

消毒用エタノールは、キレイにしたいところに直接スプレーして使うのが便利。小さいものや狭い場所の掃除なら、ファイバークロスなどにスプレーして拭けばOK。

memo

霧吹きヘッドがあれば詰め替え不要！

スプレーボトルに入ったアルコールも市販されていますが、普通のボトル入りエタノールとスプレーヘッドを買えば安上がり。ヘッドは繰り返し使えます。揮発性が高いので、ふたはしっかり閉めること。

目からウロコの得意ワザ！

ゴミ箱の除菌

» p.54

ゴミ袋を交換する際にエタノールで拭けば、キレイになると同時に除菌も完了。悪臭の予防にも。

鏡などを光らせる

» p.151

鏡をエタノールで拭くと、水や洗剤では落とせない「曇り」の成分が溶けるのでピカピカになる。

浴室の排水口にスプレー

» p.161

浴室掃除の仕上げにおすすめ。ぬめり防止とカビ予防に効果がある。

窓ガラスの軽い汚れ

» p.183

頑固な汚れは取れないが、揮発性が高いので、液だれの跡や拭き跡がつきにくいのが魅力。

ドアノブやスイッチパネルに

» p.187

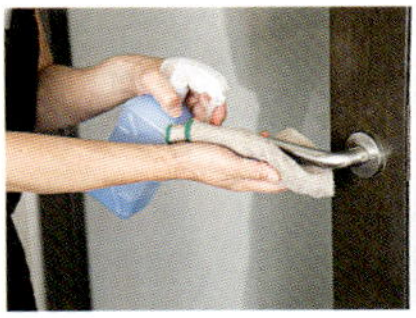

毎日触るところなので、手アカがたまりがち。エタノールなら二度拭き不要なので、さっと拭くだけでOK。

テーブルや椅子の拭き上げ

» p.191

ニスやアルコールに弱い塗料を使っていないものであれば、テーブルや椅子の拭き掃除もOK。

5 酸素系漂白剤

正体は？

「酸化」する力を使った漂白剤

化学名は過炭酸ナトリウム。弱アルカリ性で、活性酸素と水の分解により酸化力を発揮して漂白や殺菌をする。

特徴は？

お湯に溶かすとアルカリ度がアップ

水とともに40〜50℃に加熱することで、アルカリ度や酸化力がアップする性質がある。

におい・揮発性は？

においは弱く、揮発性なし

塩素系漂白剤に比べてにおいは弱く、揮発性はない。

保存法は？

水けと密閉状態を避ける

水に溶けると漂白力が落ちるので、水けに注意。金属製の容器、密閉容器に移し替えるのはNG。

得意なことは？

漂白、除菌、カビ落としなど

布巾の漂白・除菌、生えてすぐの黒カビ落としにも有効。浴室だけでなく洗濯漕にも。

苦手なことは？

根の深いカビ

深く根を張ってしまった黒カビは落とせない。また、ステンレス以外の金属、ウールや絹には使えない。

黒カビや浴室の配管、洗濯槽の掃除に

酸素系漂白剤には2タイプあります。液体タイプは、洗濯用洗剤と一緒に使うことで、衣類や布巾などを漂白・除菌します。色柄物にも使えるので便利です。粉末タイプは、液体よりも漂白力が強く、衣類にはもちろん、調理器具などのつけおき洗い、生えてすぐの黒カビや洗濯槽の洗浄に効果があります。

どんなふうに使う？

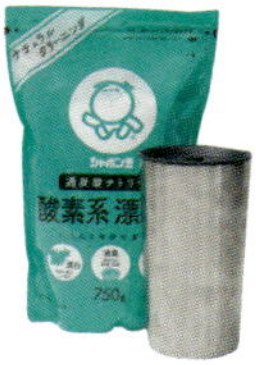

普段から使いこなすには、洗濯用洗剤などと一緒に収納しておくのがおすすめ。写真のタンブラーはふたに小さな穴が開いているので、詰め替えOK。手早くさっと使えます。

memo

塩素系漂白剤のこと

酸素系よりも漂白・除菌作用が強力で、使えるところが限られます。他の洗剤と混ぜたり、排水口の中で混ざると有毒な塩素ガスを発生するので、注意が必要です。

目からウロコの得意ワザ！

換気扇のつけおき洗いに

» p.88

ファンなど大きな部品を45Lのゴミ袋に入れ、お湯と酸素系漂白剤を入れて放置。しばらくして汚れが浮いてきたら、古歯ブラシで細部をこすり洗いする。

洗濯槽の掃除に

» p.157

お湯と酸素系漂白剤を入れ、数分間回して止める。半日ほど放置するとカビがごっそり浮き上がってくるので、網ですくい取って脱水し、標準コースで回せば洗浄完了。

まだまだある！　得意ワザ

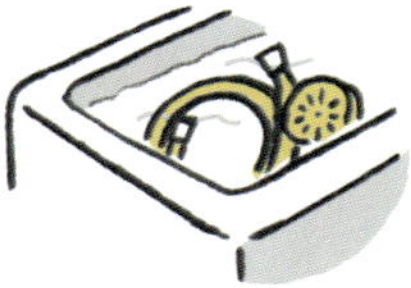

浴室の小物と配管掃除

浴槽にシャワーホースや排水口の受け皿などを入れ、追いだきして40～50℃に。カビ汚れが取れ、殺菌もできる。

軽い黒カビの除去

初期の黒カビには、粉末の酸素系漂白剤を水でペースト状に練って塗り、放置。古歯ブラシでこすり洗いする。

布巾の漂白

布巾には雑菌がつきやすいので、週に１回ほど除菌漂白。50℃くらいのお湯でつけおき洗いを。

＼これだけあればOK!／

おすすめ掃除道具

専用品をあれこれ揃えるのではなく、使いまわしがきくものを選択。
面倒なメンテナンスが不要な使い捨てタイプの活用も◎。

1 汚れを拭く、こする

スポンジ

ダイニチの「サンサンスポンジ」は泡立ちがよく、へたりにくくて長持ち。

ファイバークロス

吸水性のよさが特徴。まずはキッチン用にして、その後はウエスとしていろいろな掃除に活用を。

紙製ウエス

厚手で丈夫な使い捨ての雑巾。コストコなどで買えるスコット社の「ショップタオル」がおすすめ。

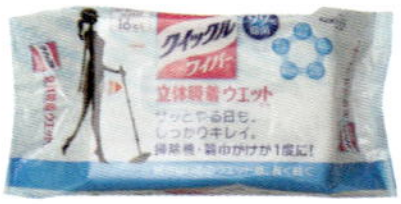

床用ウエットシート

寝室から玄関まで、床を拭くのに便利。清潔が保てる使い捨てが◎。床用ワイパーにセットして。

数は増やさず定番の道具を使いまわす

例えば、キッチンのシンクもトイレの便器も、同じスポンジを使って掃除してOKです。リビングのテーブルと換気扇は、同じクロスで拭きます。もちろん衛生面を考慮して、新品はキッチンやテーブルで使い、それが古くなってきたら、お下がりとしてトイレや換気扇などに使うのです。また、汚れた雑巾を清潔に保つのは無理と諦め、紙製ウエスやキッチンペーパーを使うのがおすすめです。

2 ホコリを取る

掃除のスタートは、ホコリやゴミを取り除くことです。拭き掃除をするときは、このステップを忘れずに。固形物を手早く簡単に取り除くには、家のつくりを踏まえて、どんな道具が便利かを考えましょう。

ハンディモップ

複雑な場所のホコリ取りに重宝。洗ってくり返し使えるタイプと、手軽な使い捨てタイプがある。

掃除機

とにかくキレイな家を目指すのであれば、吸引力を重視。手軽に使いたいなら、スティックタイプを。

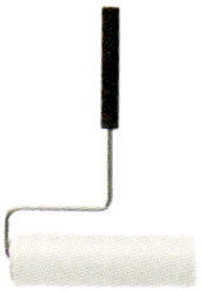

粘着式クリーナー

ちょっとした掃除に便利。フローリングとカーペット両方に使えるテープがおすすめ。

3 その他の目的

基本の道具の他に、あると便利、こんなときに重宝する、という道具を紹介します。着古した衣類など、不用品も最後に掃除道具として有効活用してみて。古くなった歯ブラシやクリアファイルなども使えます。

スチームクリーナー

掃除がしにくくて汚れやすいレンジフード、サッシレール、ラグなどを、高温の蒸気でキレイに！

バケツ

やわらかくて変形しやすいタイプだと、洗濯物や水などさまざまなものを運ぶのにも便利。

ゴム手袋

しっかり掃除のときは、手袋をして手荒れをガード。トイレ掃除用に使い捨てタイプもあると便利。

スクイージー

浴室掃除の仕上げとして、壁などの水けをしっかり取ってカビ対策を。窓を磨くときにも使える。

古Tシャツ&古靴下

切るとほつれるので、そのまま使用。Tシャツは窓拭き、靴下は手にはめてブラインド拭きなどに。

牛尾さんちのルーティンをチェック！

家事の流れとタイムスケジュール

毎日のことだからこそ、習慣にすることが家事上手になるコツ。まずは、掃除を中心とした家事の流れを押さえましょう。

朝食後にやること

テーブルを片づけて洗濯物を仕分ける

1

広いテーブルは大事な作業台になるので、朝食が済んだら片づけて、ものがない状態にする。

洗濯物を干す

洗い終わった洗濯物をダイニングテーブルにのせ、小物、ハンガーにかけるものなどに仕分けして干す。

10
min

掃除機をかける

3

いろいろ動き回るとホコリが舞い散るので、この段階で掃除機をかける。掃除機は毎日かける。

memo

**掃除機は早めにかけて
ホコリを舞い散らせない**

掃除をするならまず、天井や壁にはたきをかけるなど部屋の上のほうから、といわれます。けれど、ホコリは夜のうちに床に落ちているので、先に掃除機をかけたほうが効率的。

ダイニングテーブルに椅子をのせる

2

洗濯物がなくなったテーブルにダイニングの椅子をのせ、同時に座面のホコリをはたき落とす。朝の掃除が終わったら、椅子はもとの位置へ。

椅子の脚の汚れを
チェック!

脚の下に汚れがあったら雑巾で拭くか、粘着テープでゴミを取り除く。

4 拭き掃除をする

ファイバークロスなどにアルコールをスプレーして、テレビ、洗面所の鏡、ドアノブなどをキレイに。

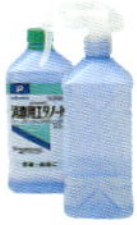

棚はさっと拭くだけでOK

テレビは静電気が起きやすくてホコリがつきやすいので、気づいたら拭いて。

5 ゴミ箱を拭き上げる

拭き掃除が一通り終わったら、使ったファイバークロスをさっと洗って絞り、ゴミ箱など水拭きしたいものを拭く。

memo

アルコールをスプレーしても

ファイバークロスは濡らさずに、アルコールを吹きかけて拭くという方法もあります。雑菌が原因のにおいを防ぐのに有効。

20 min

6 クロスを洗いながら洗面台もキレイに

ファイバークロスを洗いながら、洗面ボウルも洗う。そのクロスをかたく絞り、洗面台の水けを拭いた後ベランダに干す。

ファイバークロスは吸水性が◎。かたく絞れば、水けをしっかり拭き取れる。蛇口も忘れずに。

7 布製品は粘着式クリーナーで

掃除機をかけづらいソファカバーなどの布製品は、粘着式クリーナーでコロコロ掃除。

じゅうたんも

粘着式クリーナーでコロコロ。掃除機だけでは取りきれない毛やゴミが取れてすっきり。

memo

粘着式クリーナーはかごに収納しておく

粘着式クリーナー専用の収納ケースもありますが、部屋の雰囲気になじみやすいかごなどを使うのもおすすめです。リビングに置いても、目ざわりになりにくい！

コロコロしてゴミを除去！

ウエットシートをつけた床用ワイパーで拭き掃除

8

寝室から
スタート！

掃除機でホコリとゴミは取り除けるが、汚れを取るにはワイパーの出番。まずは寝室から拭く。

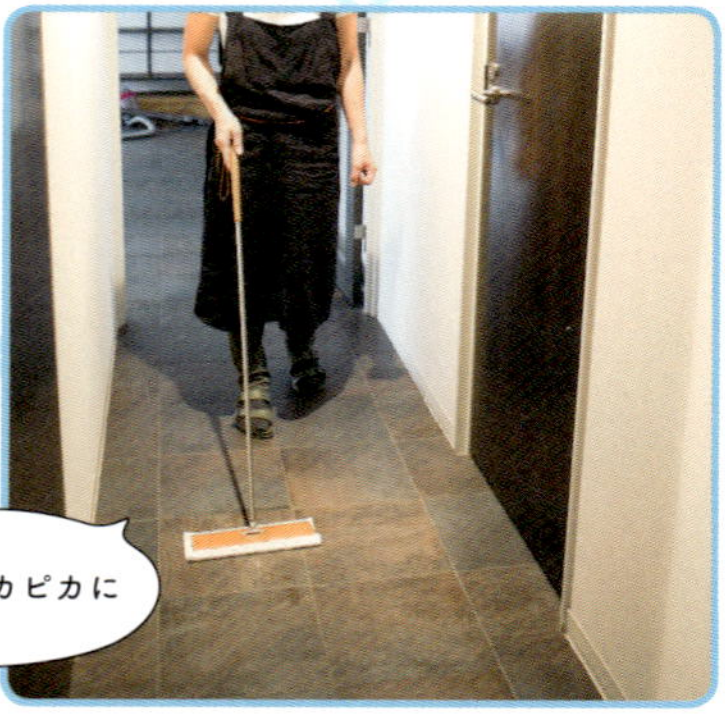

廊下もピカピカに

続いて廊下。後ずさりしながらウエットシートで拭いていくと、拭いた場所に足跡がつかない。

ホコリでなく
汚れを取る
ために使って

洗面所の床へ

廊下の次は洗面所の床。朝の歯磨きなどで飛び散った水けなどをきちんと拭く。

キッチンの床も
忘れずに

キッチンの床は、油や水などが飛び散る場所なのでしっかりと。キッチンマットの下も忘れずに。

ここまで 30 min

玄関のたたきを拭き上げる

9

最後は玄関。ウエットシートを取りはずしてキレイな面を表にしてたたみ、たたきを拭く。ウエットシート1枚で、家全体がピカピカに！

トイレも
すみずみまで

あらかじめ掃除機をかけているので、シートに汚れがたまりにくく、同じシートで続けてトイレまで拭ける。アルコールをスプレーすると◎。

finish!

玄関まで
すっきりキレイに

memo

トイレは
毎日ついで掃除を

トイレットペーパーと
「まめピカ」で

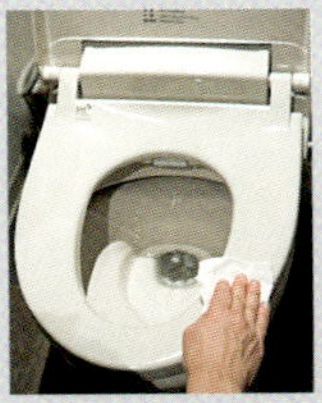

毎日のついで掃除をルーティンにすると、週1回のしっかり掃除がグンとラクに。自分が使った後、トイレットペーパーと拭き取り剤で便器を拭いて、流せば終わりです。

洗濯物を取り込む

1

取り込んだら、ダイニングテーブルにどさっと置いて、タオル、下着、Tシャツなどを分類してたたんで、しまう。

分類してたたみ、しまう

memo

物干し台やピンチハンガーの収納は？

干す場所の近くに置いておくのが正解。ベランダや庭の近くの窓際に立てかけておきます。カーテンで隠せば目ざわり防止に。

夕食の準備をする

2

適宜切って保存しておいた野菜、最低限の加熱と味つけをしておいた半作りおきの肉で、ラクに調理。

ローストビーフをサラダにアレンジ！

memo

半作りおきがあれば夕食作りがラク！

そのまま食べられる作りおきもいいけれど、調理しすぎない半作りおきがベター。調理に時間をかけずに幅広くアレンジできます。

10 min

夕食後にやること

夕食後はキッチンをキレイに

3

食器や調理器具を洗う

使ったものはすぐに洗い、水けを拭く。木製のものなどは朝まで乾かしても。

ガス台や調理台を拭く

ガス台は熱いうちに水拭きを。時間が経ったらセスキ水で拭き上げて。

シンクや水きりかごを洗う

布巾を洗い、排水口を掃除する

4

布巾を洗って外に干す

飛び散った水滴などを拭き終わった布巾は、洗ってベランダに干す。

排水口に重曹&クエン酸を

排水口に重曹を入れ、余ったクエン酸水があれば注ぎ、水を流す。

シンクまわりがピカピカに

洗い終わったら、水きりかごに入れて水けをきる。

PART 3

上手に掃除・収納すれば、こんなにすっきり広々としたキッチンに。

ラクして続く家事テク①

キッチン編

使いやすさと清潔さをラクに保つための掃除法と、数々のキッチンを見てきた私がおすすめする収納法を紹介します。

Q 食器洗いの準備、どっちがラク？

数が多いと水につからない食器も…

A 洗いおけに水をためて食器をつけておく

NG! 洗い物の量が多い日は、洗いおけに入りきらないので水につからなくなってしまうことも。

シンクが狭くなり洗いおけを洗うのも手間

洗い物の際に洗いおけを使えば、食器をさっと水につけられるので便利だと思えるかもしれません。ですが、かさばる洗いおけによってシンクが占領されてしまって使い勝手が悪くなるようであれば、なくてもいいと思います。それなら、洗いおけそのものを洗う手間をなくすこともできるので一石二鳥。便利と思えるものでも、不便な面はあります。自分にとって本当にラクなのか、見直してみて。

すべての食器に
水が行き渡る！

B
食器を大きい順に重ねて上から水を流す

OK!

重ねられないグラスなどがあれば、一緒に洗う鍋やボウルにためた水につけておけば0K。

効率よく水を流せば洗いおけがなくても〇K

まずは、食器やフライパンについた汚れをゴムベラでこそげ取りましょう。そして、大きい順にシンクに重ねていき、上からシャンパンタワーのように水をちょろちょろと流します。これなら、使う水も洗剤も必要最低限にでき、洗いおけがない分、シンクの使い勝手もよくなります。どうしてもおけにつけておきたいものがあるときは、大きめの鍋やボウルを代用すればいいのです。

すっきりピカピカ！

食器洗いの基本ルール3

毎日の家事のなかで、意外と面倒なのが食器洗い。食洗機を使わない場合の効率的な洗い方をマスターしましょう。

1 食器洗い用具をひとまとめにする

食器用洗剤、軽い油汚れ落とし用のセスキ水、シンクの水アカ掃除用のクエン酸水に、スポンジ、ゴムベラ、たわしをセットにしておくと便利。なるべく場所をとらないよう、コンパクトにまとめておきましょう。

セットにしておくと便利！

2 汚れをゴムベラで落としておく

食器洗いで面倒なのが、しつこい油汚れ。なかなか落ちず、洗剤をたくさん使ってしまうことも。そんな汚れは、あらかじめ取り除くのがポイント。ゴムベラを使うと便利です。その後なら、少しの洗剤で汚れがラクに落とせます。

使う道具

ゴムベラ

3 つけおきよりもシャンパンタワー

食器洗いは「つけおき洗い」と思いがちですが、洗いおけは意外に場所をとり、それ自体を洗うのも手間。洗いおけを断捨離して、シャンパンタワー方式（»p.65）に切り替えてみては。これで、食器洗いがぐっとラクになります。

なくてもOK

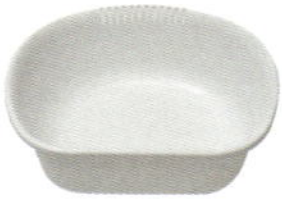

洗いおけ

食器洗いテク

シャンパンタワー方式で水を流すと食器洗いがラクに

場所をとるうえ、それ自体を洗う手間もかかる洗いおけは、必要ありません。大きい順に重ねた食器に、シャンパンタワーの要領で上から水を流していけばOKです。汚れをあらかじめゴムベラでこそげ取っておくことで、水も洗剤も節約できます。

ゴムベラで汚れを落としておく

泡の流し方も工夫して

泡を流すときも、上から水を流していって少しでも節水。

つけおきしたい場合は大きい鍋で

漂白などでつけおきが必要なら、大きめの鍋やボウルで代用して。

台拭きは使うたびに洗って外に干せば、いつもキレイ！

食卓などを拭くため、常に清潔にしておきたい台拭き。我が家では、使い終わるたびに必ず外に干しています。室内干しするよりも断然乾きが速くなることから、においのもとになる雑菌の繁殖を抑えることができ、いつでも気持ちよく使えます。

使い終わったら洗ってベランダへ

毎食後、使った台拭きは水で洗って外に干せば、次回使うときににおいや不潔感はありません。

memo

週1回、酸素系漂白剤で除菌・漂白

鍋やボウルに、台拭き、酸素系漂白剤大さじ1/2、50℃のお湯1Lを入れてしばらくおき、ザブザブとすすぎ洗いして完了です。

\素材や種類別に覚えておきたい/

調理器具、食器の洗い方

洗い物はすべて食器用洗剤で済ませてしまいがちかもしれませんが、素材などに応じておすすめの洗い方があります。チェックしてみて。

調理器具編

1 包丁は使ったらすぐ洗う

洗剤をつけたスポンジで、包丁の峰側、刃側、刃元、柄の部分を順に洗っていく。その後は布巾で拭き、しっかり乾かす。

goods

スポンジ／食器用洗剤

普段食器を洗うときに使うのと同じものでOK。

切ったものが何であれ、包丁はすぐ洗うこと。食材が乾燥してこびりつき、雑菌が繁殖しやすくなります。また、かんきつ類を切って放置するとさびるので、洗ってすぐ拭いて。

memo

包丁研ぎのベストな頻度は?

鋼製のものはさびやすいので、切れ味が変わらなくても月に1回、ステンレス製は切れ味が悪くなったときが、研ぐタイミング。

2 まな板の正しい洗い方

雑菌が繁殖しやすいので、木製でもプラスチック製でも、毎日きちんと洗ってしっかり乾燥させましょう。置き場所にも注意が必要です。

> すすいだ後はしっかり乾燥

泡を流水でていねいに流して水けをきり、両面ともにしっかり乾燥させられる場所に立てかける。

> 水洗いしてから洗剤でゴシゴシ

使い終わったらすぐに表面を流水でさっと洗い、それから洗剤を使って細かい傷の中までよく洗う。

goods

スポンジ／たわし／食器用洗剤
軽い汚れにはスポンジ、みじん切りなどで汚れたときはたわしを使うと◎。洗剤は食器用でOK。

3 やかんにはクエン酸と重曹

コンロのそばに置くことが多いやかんは、とても汚れやすいもの。毎日とはいかなくても、定期的に洗うことをおすすめします。

> 内側の水アカにはクエン酸

> 外側の焦げつきには重曹

全体を濡らし、重曹をたっぷりふりかけて10分ほど放置してから、スポンジでこすって洗う。

水500mlに対しクエン酸小さじ2を入れて沸騰させ、ひと晩おいてスポンジでこすり洗いする。

goods

クエン酸／重曹
クエン酸は水とよく混ぜて。重曹はアルミ製品には使わないこと！

4 鍋類は材質ごとに洗い方を変える

基本的には、鉄製・鋳鉄製以外はフッ素樹脂加工のものと同じ洗い方でOK。例外も知り、それぞれに適した洗い方で効率よくキレイを保ちましょう。

フッ素樹脂加工

ゴムベラで汚れを取り、洗剤とスポンジで洗う。傷つきやすいのでたわしは使わない。

鉄製・鋳鉄製

使用後すぐにお湯とたわしで洗う。火にかけて水けを飛ばし、冷めたらオイルを塗る。

goods

スポンジ／たわし／食器用洗剤
材質によってスポンジとたわしを使い分け、食器用洗剤で洗って。

ホーロー鍋

ステンレス鍋

焦げつきが気になったときには、重曹を使って落とす（» p.33）。

土鍋

使い終わったらすぐに外側まできちんと洗い、水けを拭いてよく乾かす。

アルミ鍋

黒ずみがあればクエン酸水を入れて煮立たせ、冷めてからこすり洗いをする。

1

食器の正しい洗い方

効率よくラクに洗い物をするには、適切な洗う順番と素材ごとの特徴を知ることが大事。コツをつかめば、割ったり傷つけたりすることも減るはずです。

洗う前にやること

水かお湯を流す

ご飯粒などのこびりついた汚れは、水かお湯をかけてふやかして落としやすくする。

油汚れを取り除く

タレやドレッシングなどの油汚れは、ゴムベラでこそげ取る。お湯をかけながらだと取りやすい。

goods

ゴムベラ／スポンジ

あらかじめ油汚れをゴムベラで取っておけば、スポンジをひどく汚さずに済む。

洗う順番

1

グラス類、木製のおわんや箸

壊れやすいグラス、汚れがしみ込みやすい木製のものを最初に。布巾にふせて水きりを。

2

大きい食器

場所をとるので、早い段階で洗う。ただし、汚れがひどい食器は最後まで残しておく。

3

小さい食器

取り皿、茶わん、小鉢といった小さい食器を、汚れの軽いものから洗う。

4

油汚れのある食器

洗った際にスポンジが汚くなるくらい汚れた食器は、この段階でまとめて洗うと効率的。

2 グラスの曇りには クエン酸＋重曹

水アカの他、牛乳などの脂肪による汚れが原因で曇りがちなグラスは、それぞれの汚れにぴったりな洗い方を。ただし、デリケートなワイングラスなどには向きません（≫p.193）。

goods

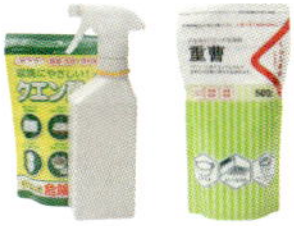

クエン酸水／重曹

水アカにはクエン酸水、軽い油汚れには重曹が効果的。原因がわからなければ、クエン酸水から試す。

水アカには
クエン酸水で
つけおき
油汚れには重曹で
こすり洗い

30分～1時間つけおきし、お湯で洗い流す。それで曇りが取れなければ、重曹をつけてこすり、お湯で洗い流す。

3 素材別の食器の洗い方

漆器

陶器（土物）

水につけおきはせず、やわらかいスポンジと食器用洗剤で洗い、その後すぐに水けを拭く。

磁器（石物）

茶色くなった場合は「茶渋の落とし方」で。

カトラリー

ステンレスのフォークやスプーンは、スポンジ＆古歯ブラシ、食器用洗剤でしっかり洗う。

ガラス器

カットが施されたものは、古歯ブラシで洗うと◎。熱めのお湯で流すと水ぎれがよい。

memo

茶渋の落とし方

重曹や歯磨き粉を使い、こすり洗いするのがおすすめ。どちらも粒子が細かいので、傷がつきにくいといわれます。

※参考文献：『ラクしてキレイが続く！　お掃除のツボ』（成美堂出版）、『この一冊ですべてがわかる！　家事のきほん新事典』（朝日新聞出版）

＼ピカピカで気持ちいい！／

シンク掃除の基本ルール3

食べカスや水はね、油汚れなど、いろいろな汚れがつきやすいシンクまわり。ラクにピカピカにするルールを覚えて。

1 基本はクエン酸水、油汚れに食器用洗剤

シンクにつくのは、食べカスや水アカ、油汚れです。基本的にはクエン酸水を吹きかけ、スポンジでこすればキレイになります。油汚れが多いなら、食器用洗剤を使ってしっかり洗うのが◎。軽い油汚れには、セスキ水でも0Kです。

使う道具

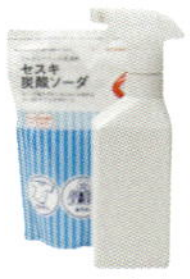

クエン酸水

食器用洗剤

2 カリカリの水アカにクエン酸パック

蛇口の根元に水がはねて水滴がつき、乾いてできるカリカリの水アカ。キッチンペーパー＋クエン酸水でクエン酸パックして水アカを浮かせ、古歯ブラシでこすり洗いしましょう。最後に水けをよく拭き取ることを忘れずに。

使う道具

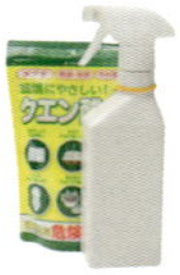

クエン酸水

キッチンペーパー

3 排水口には雑菌の繁殖予防を

食べカスがたまりやすい排水口は、水を流して放置すると雑菌が繁殖しやすく、それがぬめりや悪臭の原因に。弱アルカリ性の重曹をふりかけ、酸性のクエン酸水を流して炭酸の泡を発生させると、汚れを落として消臭もできます。

使う道具

重曹

クエン酸水

シンク掃除テク

料理後にクエン酸水または食器用洗剤でキレイに磨く

毎食の片づけが終わったらその都度、クエン酸水か食器用洗剤を使って、シンクを掃除します。同様に、

三角コーナーも毎回キレイに洗いましょう。習慣化すれば面倒なことではありません。

三角コーナーもその都度洗って

クエン酸水か食器用洗剤でさっと洗い、クエン酸水をスプレーして乾かします。食材のカスを入れていただけなので、そこまで汚くありません。放置するから汚くなるのです。

ひどい油汚れには食器用洗剤

油物が多かった日は、食器洗いをした流れで、食器用洗剤を使ってシンク内の汚れをしっかり落としましょう。これを習慣化することで、いつもピカピカな状態を保てます。

シンク掃除テク

蛇口の根元などの水アカにはクエン酸水を

水アカがたまりやすい蛇口の根元などには、クエン酸水を使うのが◎。汚れが軽いうちにスプレーして、こまめに掃除しましょう。

しつこい汚れになってしまったら、パックすることで取りやすくなります。掃除の最後にはしっかり拭いて、水けを残さないように。

1

気になる水アカにスプレー

落としたい水アカ部分にクエン酸水スプレーを吹きつけ、こすり洗いします。

2

しつこい水アカにはパックを

スプレーだけで落ちないなら、キッチンペーパーを巻きつけてクエン酸水をかけ、しばらくパック。

3

30分ほどパックした後、古歯ブラシでこすって。落ちない汚れは、重曹ペーストでこすり洗いを。

4

最後に拭き上げる

水滴の跡を残さないよう、ファイバークロスでしっかり拭いてピカピカに。

シンク掃除テク

排水口の汚れは重曹とクエン酸水で洗い流す

我が家の排水口は大きなゴミ受けがついていないタイプなので、重曹とクエン酸水を入れて流すだけで掃除はおしまいです。ゴミ受けなど取りはずせる部品があるなら、はずして洗い、しっかり乾かすようにすると、ぬめりや悪臭を抑えることができます。

1

重曹を入れる

重曹を大さじ１ほど、排水口へふり入れます。

2

クエン酸水を流す

スプレーボトルに残ったクエン酸水を、流し入れます。200mℓが目安。

3

流水ですっきり！

30分ほどおいてから、最後に水道の水を流して完了！

Q コンロの掃除の仕方、どっちがラク？

A

ゴシゴシ洗って落とす

汚れがたまったら洗剤でこすり洗い

NG!

洗剤を泡立て、なかなか落ちない油汚れをこすり洗い。さらに泡を拭き取るのも面倒。

ため込んだ汚れはなかなか落とせない

コンロの掃除といえば、こびりついた油汚れを取るために洗剤を使ってゴシゴシ洗うもの、というイメージがあるかもしれません。ついてから時間のたった油汚れはなかなか落とせず、その分、掃除がどんどん面倒になってしまいます。そのため、さらに汚れがたまっていく、という悪循環が起きることも。掃除をラクにするには、まずはできるだけ汚れをためないことがベストなのです。

余熱で熱いうちに
拭くだけ

B

調理後すぐにさっと水拭き

OK!
調理後のガス台が熱いうちに水拭き。五徳などをはずす際は、やけど防止に鍋つかみを使って。

使うたびに拭く習慣で
洗剤なしでもピカピカに

汚れがなかなか落とせず手間がかかってしまう掃除を回避するには、コンロを使ったらそのたびにキレイにしておくことを習慣にするといいです。油汚れを残したままにしておくと、それがにおいの原因にもなり、次使うときにベタベタして不衛生。ガス台は熱いうちに拭くと水拭きでも油汚れが落ちやすいので、加熱調理をした後、早めに拭きましょう。ただし、やけどしないように注意して。

＼ラクしてピカピカに！／

コンロまわりの掃除の基本ルール3

油はねをはじめ、調味料や食材がこぼれることで汚れやすいコンロまわり。すぐにキレイにするコツを押さえましょう。

1 油はねや汚れは熱いうちに拭く

温度が高いほど、汚れは落ちやすいものです。ガス台が熱いうちなら、コンロまわりについた調味料や油、食材などの汚れは、こびりつかずに浮いている状態。ファイバークロスで水拭きすればキレイになるので、毎日の習慣にして。

使う道具

ファイバークロス

2 しつこい汚れにはセスキ水や重曹を

熱いうちに拭くだけでは取れない油汚れや焦げなどは、なるべく早めに取り除きます。油汚れはセスキ水で拭き取り、軽い焦げは重曹ペーストをつけた古歯ブラシでこすって。汚れが軽いうちに掃除するのも、家事をラクにするコツ。

使う道具

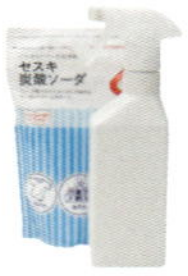

セスキ水

重曹

3 魚用グリルも使うたびすぐ洗う

魚焼きグリルも、使った後に食器用洗剤で洗えばキレイを保てます。もし、角のほうにこびりつき汚れが残ってしまった場合は、重曹を使うのがおすすめ。庫内の汚れは、セスキ水をつけたファイバークロスで拭きましょう。

＼こびりつきは重曹で／

コンロまわりの掃除テク

使ったガス台が熱いうちに その都度水拭きする

ガス台のキレイをキープするには、こまめにその都度拭く！に限ります。ガス台を使った後、やけどしない程度に熱いうちであれば、ファイバークロスで水拭きするだけで汚れは落とせます。私はお湯を沸かしただけでも、その余熱でガス台や五徳を拭いています。

ピカピカに拭き上げて

memo

その都度掃除のすすめ

コンロに限らず、電子レンジやオーブンなども、汚れをため込まないでキレイにしておくことを心がけましょう。ついてすぐの油汚れなどは、本体が熱いうちならさっと拭き取るだけでOKです。もし時間が経ってしまった汚れがあれば、それぞれに応じた方法でお手入れを（»p.90）。

部品も水拭き！

五徳やバーナーリングなど、はずせるものはそれぞれ水拭きします。

コンロまわりの掃除テク

時間のたった汚れにセスキ水、こびりついた汚れに重曹を

手ごわい汚れは、セスキ水や重曹で落とします。熱いうちに拭けなかった場合は、セスキ水をスプレーしてファイバークロスで拭き取って。それでも取れない頑固なこびりつきには、ペースト状にした重曹を。

手ごわい汚れは
セスキ水で拭き取る

水拭きだけでは落とせない油汚れには、セスキ水をスプレーして。

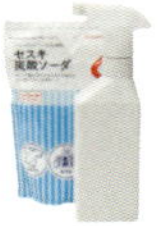

セスキ水が
油汚れを分解

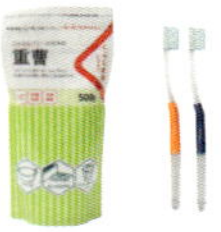

重曹と
古歯ブラシで
ゴシゴシ

細部は重曹で
こすり洗いを

バーナーキャップにこびりついた焦げなどには、重曹が効果を発揮。

魚用グリルは使ったらすぐ洗う

コンロと同じく魚用グリルも使用後、はずせるものははずして洗います。食器用洗剤を泡立てて、受け皿も網もすみずみまでキレイに。また、通気口カバーにアルミホイルをセットしておけば、コンロを使った際の油はねが通気口の中に入るのを防げます。

普段は
アルミホイルでガード

通気口の中が汚れないよう、カバーにアルミホイルを敷いて。

使うときに
はずせばOK!

魚用グリルを使うときだけアルミホイルをはずし、定位置にセット。

memo

害虫を発生させないためにも掃除は大事

受け皿や網についた魚油を放置しておくと、こびりつきやにおいの原因に。害虫の発生にもつながるので、使ったらすぐに洗って。

週1回

\ 焦げも油もすっきり! /

コンロまわりの汚れ落とし

普段から水拭きして汚れをためないのがベストですが、こびりついてしまった汚れは、重曹、セスキ水、食器用洗剤で落としましょう。

1 魚用グリルの受け皿は重曹で

受け皿にこびりついてしまった汚れは、重曹を使って落とします。ただこするのではなく、水を注いでから一度温めるのがポイント。この方法で、オーブンの天板もキレイにできます。

goods

重曹
弱アルカリ性なので、酸性の油汚れを中和して落とすことができる。

受け皿に水を注ぎ、汚れに重曹をふりかけてグリルで加熱。

冷めたら取り出し、スポンジでこすれば汚れが落ちやすい!

2 五徳&バーナーリングも重曹をふりかけて煮沸

コンロの部品はそれぞれはずして、汚れに重曹をふりかけてから、水とともに鍋に入れて火にかけます。煮沸させることで、こびりついた焦げや汚れなどがはがれやすくなります。

五徳やバーナーリングなど、汚れが気になる部品を一気にキレイに。

goods

重曹

煮沸だけでは汚れが取れなかった場合は、直接ふりかけてこすり洗いをしてみて。

3 コンロ側の壁はセスキ水か食器用洗剤ですっきり

油はねで汚れた壁は、普段はセスキ水で拭き掃除を。もっとすっきりさせたい場合は、泡を拭き取る手間はありますが、泡立てた食器用洗剤で洗い、ファイバークロスで拭き取って。

セスキ水をスプレーしながら、ファイバークロスで拭き掃除を。

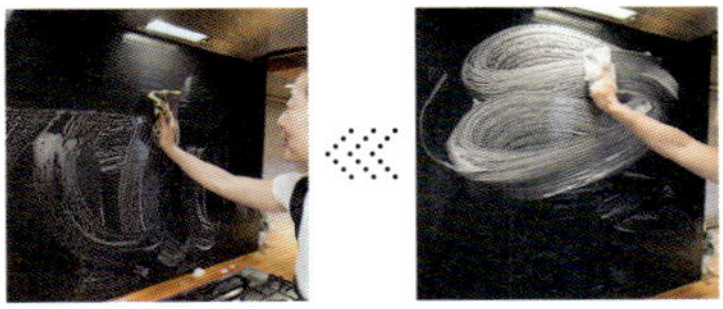

壁全体に泡をつけて洗い、拭き取る。

goods

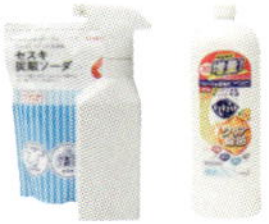

セスキ水／食器用洗剤

どちらも油汚れを分解。軽い汚れなら、セスキ水だけでも十分。

Q 換気扇の掃除の仕方、どっちがラク？

A

ひどい汚れも
落とせる！

使い捨てフィルターを使って、半年に1回のつけおき洗い

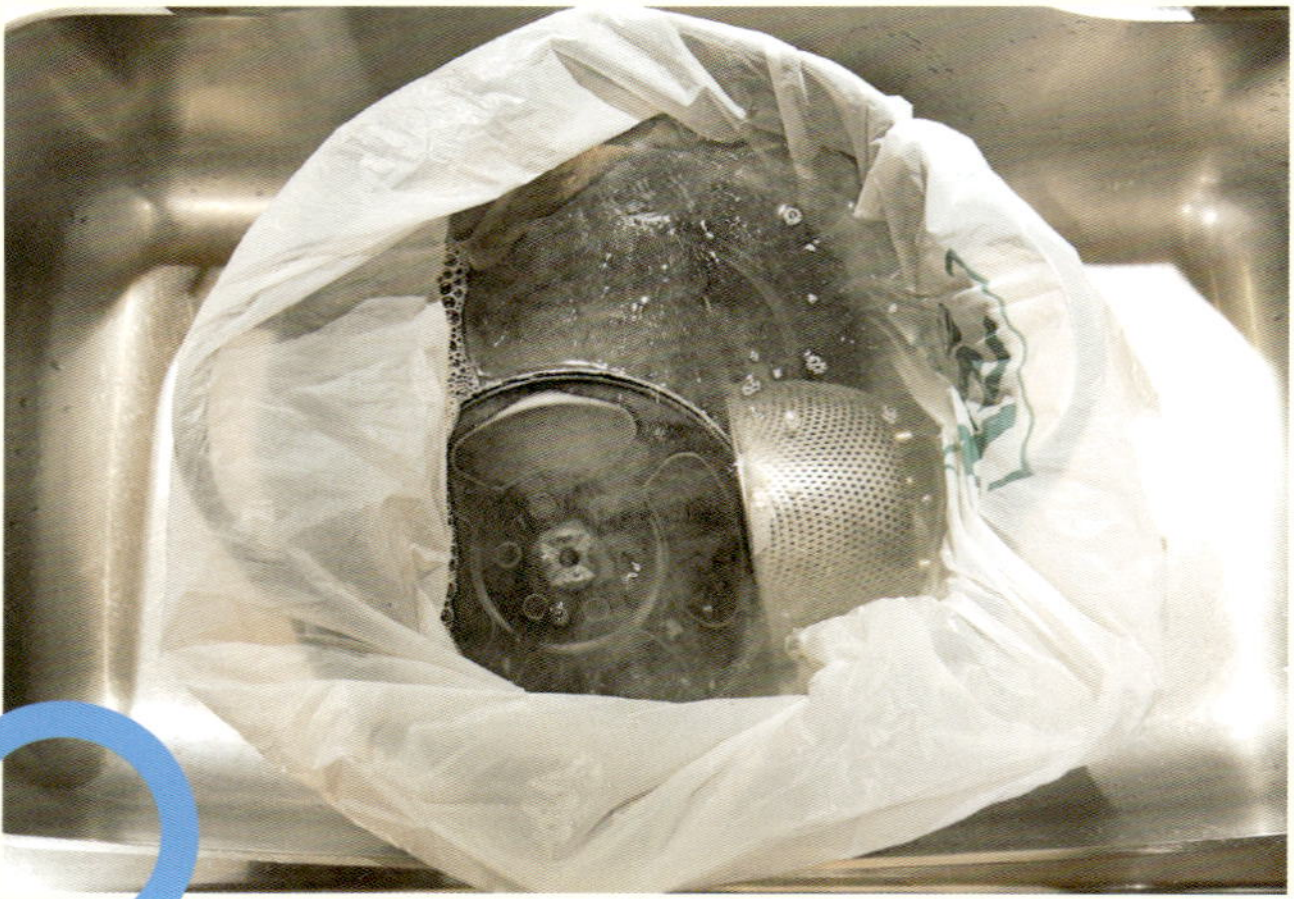

OK! 45Lのゴミ袋など、大きめのビニール袋に部品を入れ、酸素系漂白剤と50℃のお湯を加えてつけおき。

定期的につけおきしてどんな汚れも取りやすく

洗うのが面倒な換気扇ですが、定期的にしっかり掃除するのが◎。使い捨てフィルターで汚れを予防すれば、半年に1回のつけおき洗いだけで汚れをすっきり落とせます。ファンは構造が複雑なので、酸素系漂白剤を使ってつけおきするのがいいでしょう。その後こすり洗いすれば、汚れが落ちやすくなります。小さな部品なども、ベトベト汚れがひどければファンと一緒につけおきを。

軽い汚れなら
食洗機で！

B
使い捨てフィルターを使わずに、月に1回の食洗機洗い

△

OK!

食洗機にお任せして、あらゆる部品を一気に洗浄！　ただし、汚れがひどいものは手洗いが安心。

こまめなお手入れが可能なら食洗機で洗っても

月に1回など、こまめにお手入れするのであれば、ファンなど換気扇の部品はすべて食洗機で洗うようにするのも、ラクで便利ないい方法だと思います。ただ、あまりにもベトベトした汚れのついたものまで食洗機に任せてしまうと、詰まって故障の原因になってしまうこともあるかもしれません。あくまでも軽い汚れを取るための定期的なお手入れ方法として、自己判断で取り入れましょう。

＼油汚れがすっきり！／

換気扇掃除の基本ルール3

簡単には落とせないベトベトの油汚れが手ごわい換気扇。普段からキレイを心がけておけば、大掃除もラクになります。

1 フィルターをつけ汚れ防止に

キッチンの換気扇は、頑固な油汚れがたまるまで放置してしまうと、掃除がとても大変。その予防策としておすすめなのが、フィルターをつけておくことです。ひどく汚れてもフィルターを交換すればOKなので、掃除がラクに。

使う道具

使い捨てフィルター

2 パネルなどはセスキ水で拭く

油分を含んだ蒸気やホコリによって、ベトベトした油汚れが付着しやすいパネルやフード。そのままにしておくと汚れはなかなか取れなくなるので、こまめにセスキ水で拭き掃除を。紙製ウエスを使えば、そのまま捨てられて便利。

使う道具

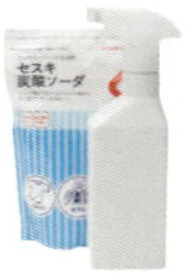

セスキ水

紙製ウエス

3 ファンなどはつけおき洗いを

頑固な油汚れがつきやすいファンは、半年に１回くらいを目安につけおき洗いするのがおすすめです。45Lのゴミ袋に、ファンの他、ネジなどの部品も入れて、酸素系漂白剤とお湯を加えてつけおきを。汚れが浮いて、掃除がラクに。

使う道具

酸素系漂白剤

バケツ

45Lのゴミ袋

換気扇掃除テク

月に1回はパネルやフードをセスキ水で拭き上げる

こびりついた油汚れを落とすのに苦労しそうな、換気扇の掃除。ですが、こまめに拭くようにすることで、ぐっとラクに掃除ができます。その際は、油でベトベトになった雑巾を洗う手間を減らすため、紙製ウエスなど使い捨てできるもので拭くのがおすすめです。

セスキ水と紙製ウエスで拭く

汚れているところにセスキ水を直接スプレーして、紙製ウエスで拭き取ります。

使い捨てフィルターは月に1回取り替える

少しでも掃除がラクになるように、汚れを防ぐことも忘れずに。

memo

換気扇は調理後しばらく回しておく

調理をした後も、換気扇をしばらく回しておきましょう。パネルやフードに汚れがつきにくくなり、掃除が断然ラクになります。

年2回

\定期的に行うのがコツ！/

換気扇のラクチン お手入れ

使い捨てフィルターをつけて汚れを防ぐようにしておけば、面倒なファンなどの掃除は半年に1回でOKです。

1 ファンは酸素系漂白剤＋お湯でつけおき

構造が複雑で面倒なファンを掃除するときは、最初に汚れを浮かせることがポイントです。酸素系漂白剤を使ってつけおきすれば、食洗機がなくてもラクにキレイにできるので、おすすめです。

バケツに
45Lのゴミ袋を
セットしてから

ファン、50℃のお湯10L、酸素系漂白剤100gを入れる。

袋の口を
結んでから
左右にゆする

軽くゆすることで、漂白剤をお湯にまんべんなく溶かす。

漂白液が
汚れをどんどん
浮かせる！

お湯が冷めるまで1時間以上おき、食器用洗剤と古歯ブラシで洗う。

goods

酸素系漂白剤

50℃くらいのお湯に溶かすことで、高い洗浄力を発揮。

2 シンクで洗えるサイズのものは食器用洗剤で

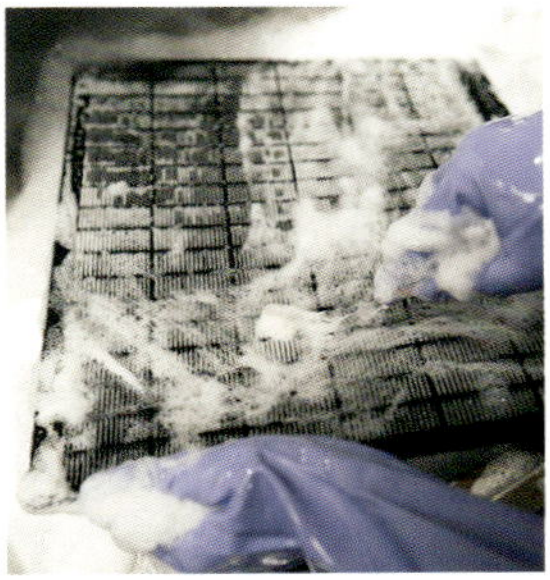

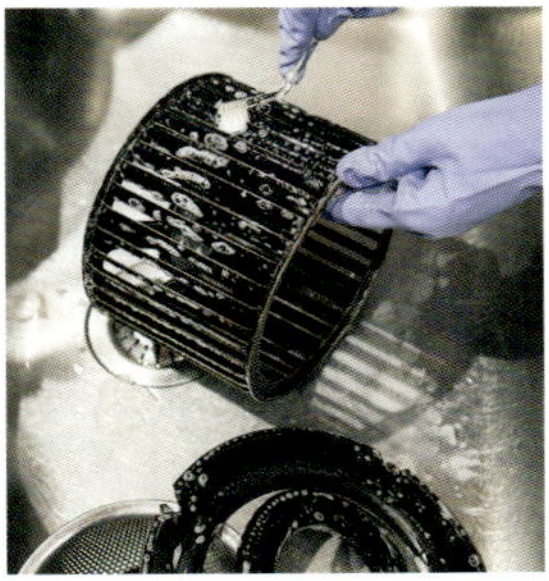

小さな部品やフィルターは、食器用洗剤と古歯ブラシでゴシゴシこすり洗いを。あまりにもベトベトしている場合は、ファンと一緒に酸素系漂白剤でつけおきしてから洗って。

goods

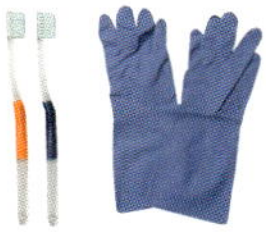

古歯ブラシ／ゴム手袋

使い古した歯ブラシは細かい掃除に最適。ゴム手袋で手荒れ防止。

3 スチームクリーナーなら汚れがラクに取れる！

スチームクリーナーから噴射される蒸気は、およそ100℃。これによって、油汚れを浮かせていきます。あとは、使い捨てできる紙製ウエスなどで拭くだけで、ラクにピカピカに。

スチームによって油汚れが浮いたところを拭き上げて。

memo **スチームクリーナーは床の汚れ取りにも**

スチームクリーナーは、殺菌・消臭効果があるので、アタッチメントを替えれば、カーペットやフローリング、畳の溝の細かい汚れにも蒸気が行き届き、ラクに掃除できます。

電子レンジ、オーブン、トースターのお手入れ

使うたびに掃除することを心がければ、頑固なこびりつきや焦げつきを防ぐことができます。

1

電子レンジ、オーブンは使ったら温かいうちに拭く

使用後、まだ温かいうちに拭くのがいちばん効果的。冷めてしまうと汚れが固まり、落ちにくくなってしまいます。やけどしないくらいまで冷まし、手早く拭き上げましょう。

庫内はお湯拭き

お湯で絞ったファイバークロスで全体を拭く。扉の裏側まで忘れずにしっかりと。

外側には
セスキ水かアルコール

キッチンに拡散するオイルミストなどで汚れがち。セスキ水かアルコールを使い、クロスで拭いて。

goods

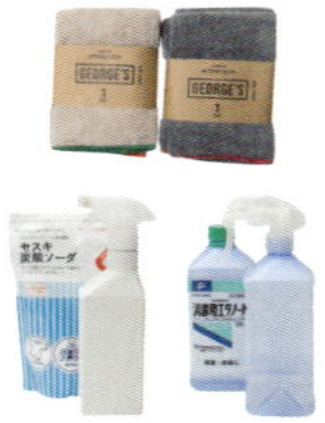

ファイバークロス／
セスキ水／
アルコール

ファイバークロスは、細かい部分も拭きやすい。油汚れに強いセスキ水と、仕上げ拭き用にアルコールを使う。

2 庫内のしつこい汚れは

こびりつきや焦げつきは油汚れなので、重曹を使って掃除します。特に肉や魚を焼くオーブンの汚れは、放置すると手ごわい焦げつきになるので要注意。

水200mℓ、重曹大さじ2を入れて3～4分加熱。蒸気をこもらせて15分ほどおき、クロスで拭く。

水を入れて重曹をふり、予熱で250℃に。熱いうちに庫内を拭き、天板は冷ましてこすり洗いを。

goods

重曹

油が原因のこびりつきや焦げつきを、重曹が浮き上がらせる。

3 トースターの汚れは

庫内が狭くて高温になるので、汚れがこびりつきやすいトースター。汚れに火がつくと火事の危険もあるので、定期的に掃除するのがおすすめです。

内側のひどい焦げつき部分には、重曹ペーストを使う。古歯ブラシを使って、こすり洗いを。

庫内は、パンくずなどをかき出してすっきりと。外側の汚れは、セスキ水をスプレーして拭く。

goods

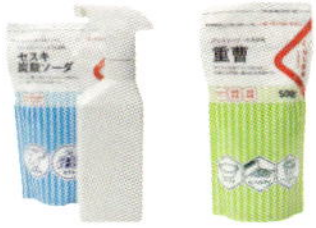

セスキ水／重曹

外側の油汚れには、セスキ水をスプレー。重曹は、ペーストにして使用。

Q 冷蔵室収納、どっちが使いやすい？

A

一見すっきりしているけど…

収納ケースをとりあえず使って収納

△

OK! 収納ケースを使いこなせるようなタイプであれば、こちらの方法が向いている場合もある。

便利な収納ケースには中身が見えづらい難点が

収納ケースを使うと、すっきりした印象になります。ただし、とりあえず食品を入れておくために使う場合は、そのまま忘れてしまい、賞味期限を迎えてしまうことも多くなりがちです。収納ケースを使うなら、中身をわかりやすくして、忘れずに使いきれるようにしましょう。また、冷蔵庫内はゆとりを持たせると冷気の流れがよくなり、節電にもなります。詰め込みすぎには要注意です。

B

どこに何があるか
一目でわかる

棚ごとに定位置を決めて収納

OK!

ゆとりを持たせると、何が入っているかわかりやすい。上段は予備スペースとしてあけておくと便利。

いつでもすっきりと見渡せるゆとりが◎

冷蔵室収納では、ルールを決めておくといいでしょう。棚で仕切って、家族がよく飲むドリンク、朝食で使うもの、すぐに調理するもの・しないものなど、分類しておくと便利。いつでもすっきりしていて、中身を見渡せるようにしておきたいものです。ちなみに卵は、買ってきたときにパッケージの上部だけを切り捨てた状態で冷蔵庫に入れると、移し替える手間が省けて衛生的にも安心です。

Q 野菜室収納、どっちが使いやすい？

A

デッドスペース
ができやすい！

買ってきた状態のまま、収納ケースで仕分け

△

OK! 収納ケースを使うと一見すっきりするけれど、デッドスペースができがち。

中身が見えないと不便！
収納ケースにも難点が

形や長さ、大きさがいろいろな野菜の収納に、プラスチックの収納ケースを使う人も多いでしょう。清潔に収納できそうで便利な印象がありますが、汚れたら掃除が必要で管理が面倒。しかも形の融通がきかずデッドスペースができてしまいがちです。まずは紙袋やあき箱を入れてみて、収納ケースが本当に必要なのか、必要ならどのくらいの大きさなのか、シミュレーションするのがおすすめ。

収納しやすく、
調理もラクに

B

適宜切るなどして、紙袋やビニール袋で仕分け

OK! 調理しやすい形に切ってからラップとビニール袋に入れて仕分けしておけば、すっきり収まる。

紙袋やビニール袋ですっきりたっぷり収納

玉ねぎのように皮がはがれやすい野菜や、泥つきの野菜は、紙袋を内側に折り込んで作ったケースを使って収納するのがおすすめ。紙袋は形の融通がきくので、野菜室内のスペースを有効に使えます。また、長い野菜は半分に切り、葉物野菜は料理に合わせて適宜切り、それぞれラップやビニール袋で仕分けを。これらはなるべく立てて収納し、どこに何があるのか見やすくしておきましょう。

＼すっきり、衛生的に！／

冷蔵庫収納の基本ルール3

食品を詰め込みすぎて、ごちゃごちゃしがちな冷蔵庫。使いやすく清潔に収納するためのルールを覚えましょう。

1 マイルールを決め 家族も使いやすく

家族構成に合わせ、朝食でいつも使うもの、飲み物、作りおきなど、それぞれの段に収納するものを決めておくとすっきり片づきます。定位置を決める、収納ケースを使うなどの収納法は、家族の性格に合わせて取り入れましょう。

なくてもOK

収納ケース

2 冷凍室では 立てる収納が基本

食材を横にしてどんどん重ねるのは、取り出しにくくなるのでNG。ゆでた野菜、下味をつけた肉や魚介類は、冷凍用保存袋に入れ、平らにして急速冷凍を。ご飯もラップで包み同様に。これなら、立たせる収納が簡単にできます。

使う道具

保存袋

ラップ

3 野菜室では紙袋を 使うなどひと工夫

汚れやくずがたまりやすい野菜室。食材は、泥を落としたり食べやすく切ったりしてから、ビニール袋やラップで包んでおきます。それらを立てて並べ、すっきり収納を。玉ねぎなどを皮ごと保存するなら、箱型にした紙袋に入れて。

内側に折り返して箱型に

冷蔵庫収納テク

用途ごとにエリアを分けて見やすく収納する

冷蔵庫の収納では、自分も家族も使いやすいようにエリアを決めておくとよいでしょう。奥へ奥へとものを押し込んで、気づかないうちに賞味期限を迎えてしまった、なんてことにならないよう、いつでもすっきりと見渡せるようにしておきたいものです。

いちばん上の段はあけておく

調理した鍋ごと冷やしたいときなどに、スペースがあると安心！

作りおきのおかず

同じ種類の保存容器に入れて、同じ段にまとめておけばすっきり。

朝食で使うもの

ヨーグルトやチーズの他、ご飯のおともをひとまとめにすると便利。

家族がよく飲むドリンク

「〇〇どこー？」と聞かれずに済むよう、見つけやすい定位置へ。

肉や魚など

数日中に使う食材はチルド室へ。消費期限は目につきやすいように。

冷蔵庫収納テク

ドアポケットには調味料や飲み物を入れる

仕切りの大きさや数が豊富なドアポケットは、飲み物とこまごまとした調味料を分類して収納するのにぴったり。そのスペースに収まらない場合、すべて賞味期限内に使いきれるのか見直してみましょう。

調味料など

仕切りごとに、和風、洋風、中華風などざっくり分けておくと見やすい。サイズや量も見極めて。

ドリンクなど

お茶や牛乳、ワインなどは下段の大きいポケットへ。

memo　大きすぎる調味料は使いきれずに場所をとる！

安いからと大容量の調味料を買ったものの、賞味期限内に使いきれず無駄にしていませんか？　すっきり収納するためにも、自分に合った容量を選ぶようにしましょう。

冷凍室では立てて収納が基本

冷凍室の収納では、できるだけすき間なく立てて詰めることがポイント。効率的に冷やせるうえ、見やすくて出し入れしやすいので節電にもなります。立てる収納ができるよう、食材は冷凍室の浅い段で、あらかじめ板状に凍らせておきましょう。

浅い段はこのように

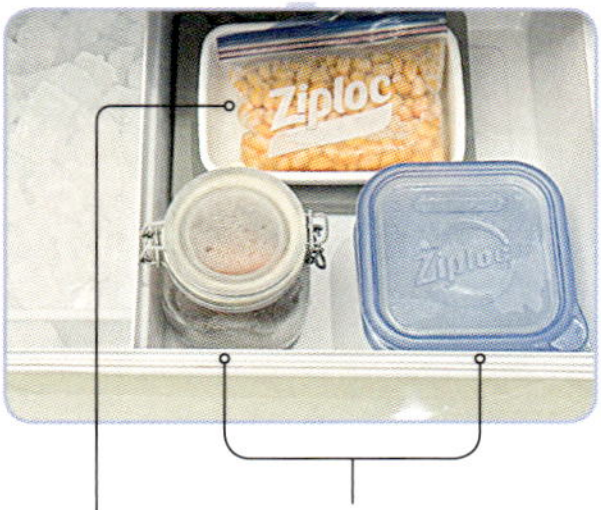

保存容器はここに

ここで完全に凍らせて

保存袋に入れた作りおきのおかずなどは、まずは平らにならした状態で凍らせて形をキープ。こうすることで立てる収納がスムーズに。

memo 作りおきのだし、コーヒーの粉も冷凍！

まとめてとっただしは、使いやすいよう保存容器で小分けに。コーヒーの粉は保存容器に入れて冷凍しておくと、香りがいい状態を保てます。

冷蔵庫収納テク

野菜室ではものが積み重ならないように

深さがある野菜室では、なるべく立てる収納をします。横に倒して積み重ねてしまうと、忘れたころに溶けかけたきゅうりやミイラ化したにんじんが見つかるなんてことにも。それぞれが見やすくなるように、小さいものは上部の引き出しに入れるなどしましょう。

皮や泥で汚れやすいものは紙袋へ

玉ねぎやじゃがいもは、紙袋を内側に折り込んで補強したケースに入れて収納。高さも調整できて便利。

長い野菜も横にせず立てて収納 » p.236

大根などは、きっちり収まる長さに切り、ラップで包んでビニール袋に入れてから、立てて収納を。

レタス類は1枚ずつ はがしてから立てて

» p.234

買ってきたときに1枚ずつはがして洗い、向きを揃えてビニール袋へ。芯のほうを下にして立たせて。

ざく切り野菜は 取り出しやすく手前に

» p.235

小松菜、水菜、白菜などは、洗って水けをきり、ざく切りに。傷みやすいので、忘れず使えるよう手前へ。

小さいものは 上部の引き出しに

レモンやアボカドの他、使いかけの薬味など、小さいものは上部の引き出しに入れて見やすく収納。

memo　プラスチックの収納ケースは 何個も使うと不便なことも

きっちり仕分けができて便利なプラスチックの収納ケースですが、野菜室内にいくつも置くと収納スペースを減らしてしまうことになります。立たせにくいものがあるならケースを使うなど、使い方を工夫しましょう。

＼ネチネチ汚れよ、さらば！／

冷蔵庫掃除の基本ルール3

冷蔵庫は、外側は油汚れや手アカ、庫内は食品の液だれなどが目立ちます。タイミングをつかんで掃除をしましょう。

1 冷蔵庫の外側はこまめに掃除

扉には手アカなどの皮脂汚れがつき、上部は油とホコリが混ざりネチネチしていることも。扉はアルコールで拭き掃除をすれば、同時に除菌もできます。上部のネチネチ汚れは、月に1回セスキ水を吹きかけて拭いて。

使う道具

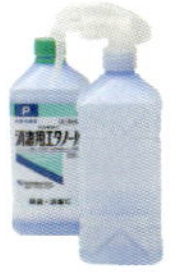

アルコール

キッチンペーパー

2 冷蔵庫内は食材が少ないときに掃除

保存している食品が少なくなり、庫内に空間ができたころが、掃除のタイミング。すなわち、買い物に行く前日がベストです。なかなか庫内にあきができないときは、1段ずつ食品を出して掃除するのもいいでしょう。

＼空間ができたら掃除のチャンス／

3 ついでに食材の賞味期限チェック

庫内を掃除するときは、そのついでに食品や調味料の消費期限・賞味期限をチェックしましょう。期限が迫っているものがあったら、スペースをあけてある上段に移し、早めに食べきって。期限切れのものは、正しく分別して処分を。

＼期限が切れていないか確認／

冷蔵庫掃除テク

外側はセスキ水やアルコールをスプレーして拭く

冷蔵庫の外側は場所によって汚れの種類が違うため、セスキ水とアルコールを使い分けて掃除します。また、

油汚れを拭いた雑巾は洗うのが面倒なので、キッチンペーパーなどを使い、拭き掃除をラクにしましょう。

ドアなどにはアルコール

手アカとともに雑菌がつきやすい部分には、アルコールが◎。除菌効果があり、食材にかかっても安心。

上の面をセスキ水で拭くのは月に1回

冷蔵庫の上の面には、油とホコリが混ざった、ネチネチした汚れが。セスキ水を吹きかけ、キッチンペーパーで拭き取って。

memo　セスキ水とアルコールの使い分け

セスキ水には油脂などの汚れを落とす効果があり、アルコールには除菌効果があります。掃除の目的を考えて、これらを使い分けましょう。

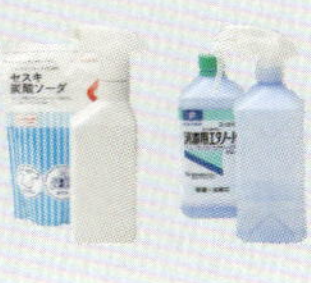

週1回

＼衛生的な庫内をキープ！／

冷蔵庫内のラクチンお手入れ

庫内のものが少なくなったタイミングで掃除するのがベスト。そのついでに賞味期限をチェックし、何に使うかも考えてみましょう。

1 棚やゴムパッキンにはアルコール

冷蔵庫内は液だれなどで汚れ、菌が繁殖しやすいもの。野菜室や卵ケースなど食材が直接触れてしまう部分をはじめ、棚やゴムパッキンの掃除には、アルコールが◎。除菌効果もあり、食材に吹きかかっても安心です。

菌の繁殖をストップ！

汚れや菌が気になるところに直接スプレーして、キッチンペーパーで拭き取って。

細かい部分を見落とさないように

アルコールをしみ込ませたキッチンペーパーで、ゴムパッキンの溝もしっかりと。

goods

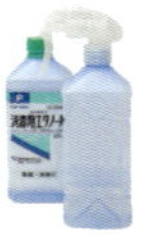

アルコール

庫内は常に清潔を保ちたいので、掃除と除菌を同時進行で。

2 製氷機にはクエン酸水とアルコール

庫内を掃除するときは、製氷機もキレイに。取扱説明書に沿って部品をはずして洗いましょう。さらに、クエン酸水を製氷機に入れて氷を作ると、パイプ内の掃除ができます。またフィルターには寿命があるので、交換時期を知っておいて。

仕上げにアルコールを吹きかけて、細かい部分までキッチンペーパーで拭く。

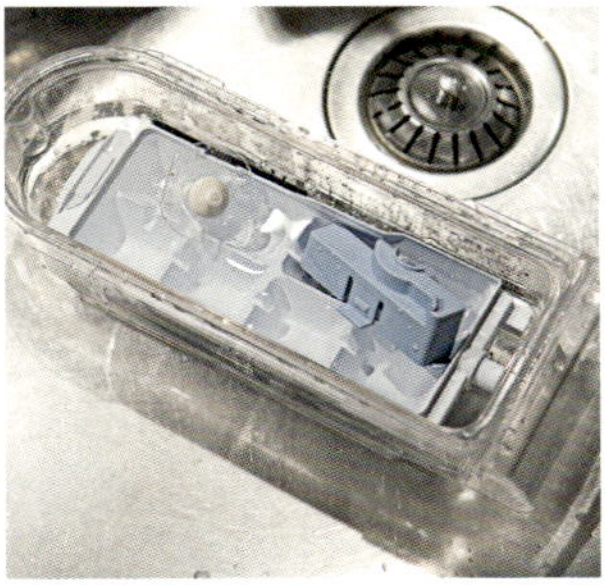

取りはずした製氷機をクエン酸水につけおきして、しっかり洗う。

クエン酸氷は
食べないように!!

クエン酸氷を作ったら、続いて水で製氷。その氷は捨てて、次に作る氷を食用に。

memo

冷蔵庫の下は大掃除のときに

野菜室の引き出しを完全に取り出してみたり、冷蔵庫ごと動かしてみたりすると、思いもよらないゴミがたまっているものです。壁との間や通気口には、ホコリがたくさんついていることも。大掃除などでキレイにしましょう。

goods

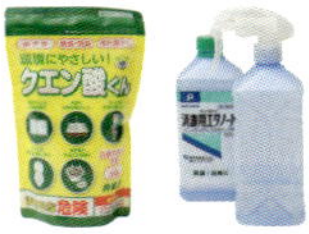

クエン酸水／アルコール

製氷機内の汚れは、クエン酸水で洗浄。つけおきでも製氷でも使えて便利。つけおき後はアルコールで拭いて。

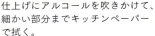

Q 調味料の収納、どっちが使いやすい？

A

見た目
すっきり！
取り出しやすい

深さのある引き出しに並べる

OK! しょうゆ類、甘味料など定位置を作り、ごちゃごちゃを防止。あまり奥にしまい込まないように。

調理台が広く使えて見た目もすっきり

まず、家にある調味料の種類や分量を把握し、不要なもの、よく使うものは何かを知りましょう。それを踏まえ、収納する場所や大きさを決めて。我が家では、深さのある引き出しを使っています。調理台には置かないので、キッチンの見た目がすっきりします。収納の際はグルーピングして並べますが、収納ケースは掃除の手間が増えるので使いません。使ったらもとに戻す習慣をつけましょう。

使いやすいけど
ベタベタ汚れも

B

調理台にのせる

△

OK! 数種類なら調理台に置いても。温度変化の激しい調理台での保存が向かないものもあるので注意。

使い勝手はいいものの油はねなどで汚れやすい

あまり多くの調味料を持っていないのであれば、調理台に並べて置いておく収納でもいいかもしれません。調理の際にさっと手に取れて戻しやすいうえ、常に目につくので、使わないまま放置してしまうことがなくなるというメリットもあります。ただ、調理中の油はねなどによって汚れやすいのが難点です。すぐにボトルがベタベタになって、見た目も悪くなってしまいます。

Q スパイスの収納、どっちが使いやすい？

A

中身は確実にわかるけど…

瓶に移してふたにラベルを貼って並べる

△

OK! ラベリング作業が苦でなければ、この方法もOK。使っているうちにはがれないよう、しっかり貼って。

ラベリングは便利だけどその作業に手間がかかる

　スパイス類は、家庭によっては使う機会があまりないという場合もあるでしょう。それなら、冷蔵庫やスパイスラックに入れておいてもいいと思います。一方、何種類も持っていて頻繁に使うのであれば、同じ種類の瓶にそれぞれ移し替えて、すっきり収納するのがおすすめです。このとき、中身がわかるようにラベリングするのが定番かもしれませんが、手間がかかってしまうのが難点です。

B

ラベルがなくても
判別可能！

瓶に移して逆さにして並べる

OK!

ぱっと見て残量もわかるから、補充するタイミングも把握しやすくて便利。

手間なしで種類や残量もひと目でわかるように

わざわざ面倒なラベリングをしなくても、瓶に移し替えたスパイスを判別することはできます。それが、瓶を逆さにしておくという方法。たったこれだけで、それぞれの形状や残量までもが、ぱっと見るだけでわかるようになります。我が家では何種類ものスパイスをよく使うので、これが本当にラクな方法です。浅い引き出しに入れて並べることで、見やすく収納しています。

ぱっと見て取り出せる！

調味料、スパイスなどの収納の基本ルール3

知らない間に種類が増えがちで、収納に困ってしまう調味料やスパイス類。使いやすい並べ方などをマスターしましょう。

1 持っている種類や分量を把握する

まずは、家にある調味料とスパイスの、種類や分量を把握しましょう。その後、酒類、油類、粉類など「アイテム」別、缶詰や乾物など「大きさ」と「形」別に分類して収納すると、見た目もすっきりして使いやすくなります。

調味料は？

乾物や缶詰は？

2 スパイスは瓶に移し替える

袋入りのスパイスは、瓶に移し替えましょう。引き出しに入る高さで、同じ種類の瓶がベスト。スパイスを入れたらそのまま逆さにして並べれば、ラベルは貼らなくてOK。小瓶のスパイスは、横にして並べる収納もおすすめです。

使う道具

瓶

3 粉類の保存容器は1袋分のサイズに

小麦粉や片栗粉などの粉物も、袋から出して保存容器に入れて収納を。見た目がほぼ変わらない粉類は、小麦粉は大きい瓶、片栗粉は小さい瓶というように、瓶を粉1袋分のサイズにしておくと、ラベルなしでも見分けられます。

使う道具

保存容器いろいろ

調味料、スパイスなどの収納テク

調味料はグルーピングして並べることで使いやすく

調味料は、深めの引き出しへ。下にすべり止めシートを敷いておくと、開け閉めの際の転倒を防げます。

油類、しょうゆ類、甘味料などざっくり分けて並べ、粉類や昆布は保存容器に移し替えてから収納を。

1袋分の量が入る保存容器に移し替えて

小麦粉は大きめ、片栗粉は小さめなど、売られている量に見合うサイズの容器を使い分ければ判別も簡単。

昆布

粉類

すべり止めシートを敷いて転倒防止

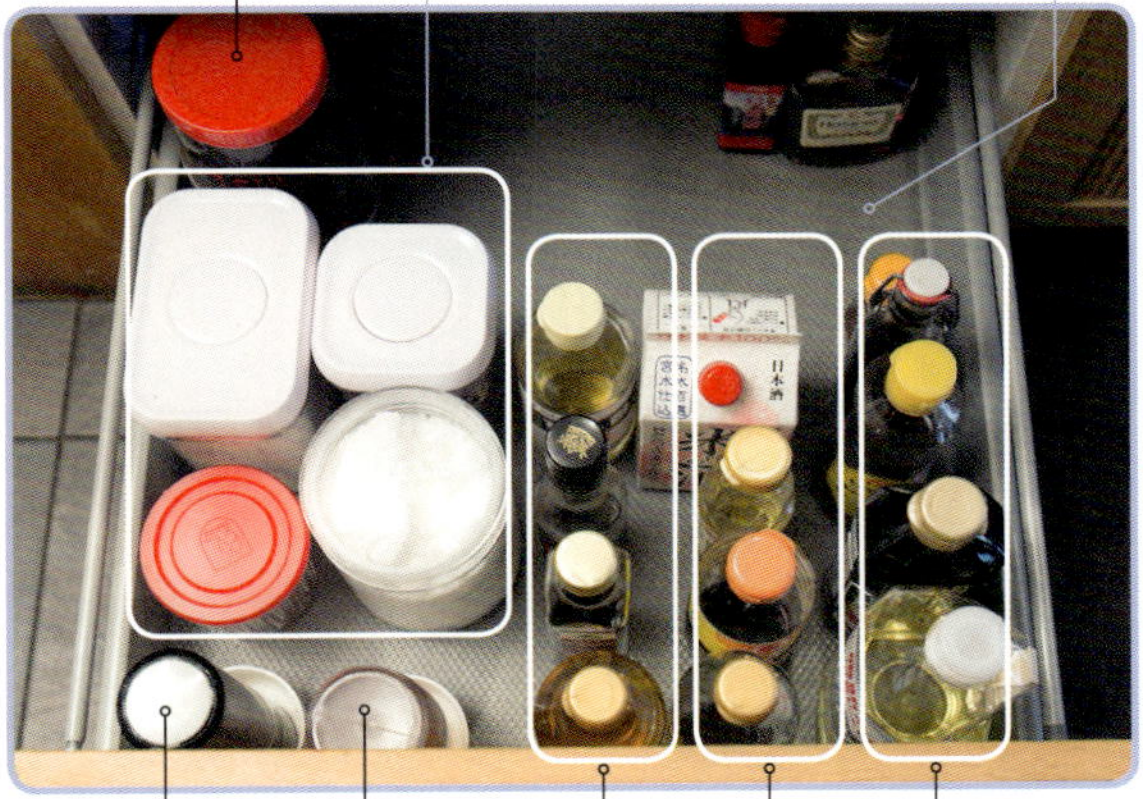

はちみつ

酢類

油類

ペッパーミル

しょうゆ・酒類

特にこぼれやすいものには受け皿を

ペッパーミルやはちみつなど、中身がこぼれやすいものには受け皿をセットしておくと掃除がラク。

袋入りのものは瓶に移し替え、小さいボトルは倒して並べる

ボトルがおしゃれなスパイス類は小さいものが多いので、頻繁に使わなければその存在を忘れてしまいがちです。きちんと見せる収納にしておけば、使用頻度も増えて無駄なく使いきれるでしょう。

ラベルが見やすい！

小瓶入りのスパイスは横に倒して並べて

我が家では使っているスパイスの種類が多いので、浅い引き出しに横に倒して収納。

残量も一目でわかる！

袋入りのスパイスは瓶に移し替えて逆さに

瓶に移し替えれば確実に密閉保存が可能。逆さにしておけば、ラベリングいらずで中身が判別可能。

乾物や缶詰などはグルーピングして保存袋へ

乾物のパッケージには、賞味期限や使用方法などいろいろな情報が書いてあるため、私はそのまま大きめの保存袋に入れておきます。保存袋はある程度使用して汚れたら捨てられるので、洗う手間も省けます。

パンやパスタなども同じ段へ

密閉容器に入れて、乾燥を防止。ふたをした状態でも中身がわかるタイプがおすすめ。

菓子材料

豆類

海草類

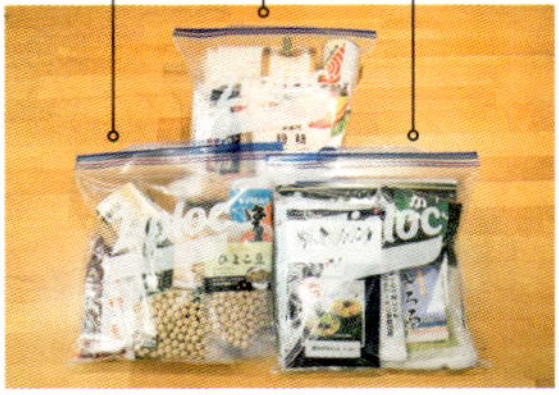

変わりやすい在庫状況に合わせ仕分け方を変えて

使うたび在庫の種類や量が変わっていく乾物などは、そのときどきに合った仕分け方をして。また、その際は賞味期限や消費期限もチェック。

缶詰やレトルト食品は災害時に持ち出しやすく

保存食はバッグに入れてキッチンに。賞味期限が近いものは普段の料理に使い、新たに買ったものを補充していくローリングストック法なら無駄なし！

COLUMN

牛尾さんに聞く 災害への備え

備蓄品は、普段の調理や旅行などをきっかけに見直しましょう。

**いつ起こるかわからない
災害時用にストックを**

余分なものを持たないすっきりとした暮らしを心がけていても、いつ起こるかわからない災害などに対する備えは必要です。そこで、旅行時以外は使わないスーツケースを防災グッズ入れとして活用。防災関連の本や市販の防災セットを参考に必要なものを揃え、玄関近くの収納庫に置いています。旅行の際は中身を全部出さなくてはなりませんが、中身を見直すきっかけにもなります。

普段からこんなふうに準備を

**缶詰類は
ローリングストック法**

普段の調理にも使えるようにキッチンで保管。丈夫なショッピングバッグを外側に折ってストックボックス代わりにすれば、災害時もすぐに持ち運ぶことができます。

**水はペットボトルに
入れて常備**

浄水器の水をくみ、キッチンの死角へ。普段の調理にもこの水を使うので、ボトル内の水は常に新しい状態。常温になっているので、お湯が沸きやすい点も◎です。

折りたたみ式のウォータータンク、アルミシート、簡易トイレといった防災専用グッズや、旅行に持っていく洗面セットを入れておく他、箱買いしたマスクのストック場所としても活用しています。

Q フライパンの収納、どっちがラク？

A

取り出しやすくは
あるけど…

ガス台近くの壁際につるして収納

△

OK! 持っている数が少なければ、この方法もOK。数が多くなると、見た目もごちゃごちゃしがちに。

油はねで汚れやすく壁の掃除もしづらい

必要なときにさっと手に取れるように収納しておくと、確かに便利です。デッドスペースの有効活用にもなるかもしれません。ただ、ガス台の近くは油はねなどの汚れがつきやすいところ。そのため、使っていないフライパンもベタベタになりがちです。また壁などを掃除するときには、いちいち動かす必要があるので、結果としていろいろな手間を増やしてしまうことにもなります。

B

なんでもしまえて
すっきり！

ガス台近くの引き出しに重ねて収納

OK!

大きいものから順に重ねて収納。いつでもキレイな状態で、さっと取り出して使える。

重ねて収納するほうが調理がスムーズに

深さのある引き出しがあれば、フライパンやふた、鍋敷きまですべて重ねてすっきり収納することができます。このとき、できるだけガス台に近いところにある収納スペースを使うことがポイントです。そうすれば、取り出してから使うまでの流れがスムーズになり、調理がよりラクになります。また、調理台やガス台まわりを、すっきりした状態に保てるのもうれしいところ。

＼調理がスムーズに！／

調理器具の収納の基本ルール3

フライパンや鍋、包丁、ボウルといった調理器具の収納では、どこで使うものかを考えてみるのがポイントです。

1 どの作業をどこでするのか考える

調理器具の収納では、その器具を使うエリアがどこなのかを考えます。例えば、ボウルやまな板、包丁などは下ごしらえに使うのでシンクの近くに、鍋やフライパンは火にかけるのでガス台の近くに収納すれば、作業がスムーズに。

2 たまに使うものや重いものは下に

鋳物ホーロー鍋など、使用頻度が低いものや重いものは最下段に収納。一方、よく使う片手鍋やフライパンは、取り出しやすい中段へ。同様に、ステンレスの大きいボウルは重ねて下段に、小さいガラス容器は上段に収納すると便利。

3 高さのあるものはシンクの下へ

圧力鍋やせいろ、土鍋、ブレンダーなど高さのある調理器具は、スペースのあるシンク下に収納を。水筒の置き場所にも最適です。背の高いものほど奥に置き、手前には背の低いものを並べると、奥まで見渡せます。

刃物類やボウルは シンクの近くに収納

包丁やキッチンばさみのように刃のついているものと、ボウルやバットなど下ごしらえによく使う調理道具は、シンクの近くで使うことが多いものです。そこで、収納場所もそれに応じてシンクに近いところにしまい、調理がスムーズにできるようにしましょう。

包丁の他、刃物類をひとまとめに

包丁は厳選した数本を、専用ケースへ。その他、キッチンばさみやおろし器なども同じ段に。

調理用のガラス容器やバットを分類

ステンレスのボウルは大きい順に重ねて

大きいものほど下の段に入れ、取り出しやすく。こまごました容器は種類ごとに分類を。

鍋やフライパンはガス台の近くに収納

ガス台での加熱調理に使う鍋やフライパンは、取り出してさっとガス台に置けるよう、ガス台に近い収納場所へ。我が家では、引き出しの上の段にフライパン、下の段に鍋を入れています。ふたや鍋敷きなど、セットで使うことの多いものも一緒にしまいます。

フライパン、卵焼き器、鍋敷きなどをそれぞれ重ねて

大きいものから順番に、種類ごとに重ねていきます。卵焼き器や鍋敷きも一緒に収納。

鋳物ホーローなどの重い鍋は下の段に

専用のふたがある鍋は、ふたを閉めた状態で収納。両手鍋や片手鍋は重ねて。

調理器具の収納テク

高さのある調理器具はシンクの下に収納

引き出しには入れられない高さの、圧力鍋やせいろ、ブレンダーなどは、広々としたスペースのあるシンクの下へ。奥まで見渡しやすいよう、高さのあるものほど奥に入れていきます。また、収納ラックを置いて、保存容器などもすっきりしまっています。

圧力鍋やせいろなどは
それぞれ置くだけ

形が独特で重ねられないものは、そのまま置いて。背の高いものほど奥に置くのが◎。

保存容器は
ふたと分けて
種類別に重ねる

種類を絞ってあるので、ふたはふた、本体は本体で重ね、省スペースで収納。

COLUMN

見た目すっきり！ キッチン全体の収納テク

スパイス類や調理器具などの収納を工夫すれば、キッチンはこんなにすっきりします。

目につくところにはなるべくものを置かない

食器、調理器具、掃除用具などさまざまなものを扱うキッチンですが、目につくように出しておくものは必要最低限に。食材も、確実に食べきりたいものだけに目が行くのでロスを削減。頻繁には使わないもののせいで、調理スペースが狭くなるのはもったいないです。

布巾はシンク側の壁につるす

手拭きや皿拭き用の布巾は、シンク側の使いやすい場所につるしておくと便利。

洗剤とスポンジは1か所に

食器用洗剤、スポンジ、たわし、クエン酸水、セスキ水をひとまとめにしてすっきり収納。

その日に食べるものはおしゃれなボウルに

賞味期限の近いものや、使いきってしまいたい食材などを入れて、確実に食べきるように。

ガス台に置くものは厳選して

菜箸や木ベラは、乾燥させたいのでここへ。よく使うキッチンペーパー、塩も一緒に。

memo　油や調味料、食材で汚れやすいキッチンこそ、すっきりさせて

油はねなどはこまめに拭いたりして、できるだけラクな掃除を続けたいキッチン。そのためにも、ごちゃごちゃとものを置かず、すっきりさせておくことがポイントです。

Q 調理用小物の収納、どっちが便利？

A

見た目は
すっきり。
でも収納量が…

仕切りを使って引き出しに並べる

OK!

収納するものが少ない場合や、収納エリアを仕切りできっちり決めたい場合は、この方法もOK。

仕切りを使うと
収納量が減るという面も

おたまや計量スプーンなど、引き出しにしまえるサイズの調理道具は、すべて同じ段にまとめて収納してしまいます。いろいろな種類のものを収納するので、仕切りを使ってきっちり分けておくのもいいかもしれません。定位置を決めたほうが整理しやすいのなら、それもおすすめです。ただ、収納量が減ってしまいがちで、仕切りに使っている容器を掃除する手間が増えるのも難点です。

ざっくり分けて
たくさんしまえる

B

仕切りは使わず引き出しに並べる

OK!

どうやって並べるのかを意識すれば、仕切りは不要。その分、スペースが無駄にならない。

並べ方を決めておけば
仕切りなしでも大丈夫

仕切りを使わずに収納すれば、それだけたくさんの調理道具をしまうことができます。形や大きさがいろいろあるので、ごちゃごちゃしてしまいそうですが、大丈夫！ 計量スプーンやハケなど、シンクの近くで使うものはシンク側に、おたまやフライ返しなど、ガス台で使うものはガス台側に、ざっくり分けて並べておけばOK。これだけで、使いやすさはぐっとアップします。

出し入れしやすい！

調理用小物などの収納の基本ルール3

調理用小物は、ごちゃごちゃしがちで取り出しにくい場合も。使用頻度をチェックして、出し入れしやすい収納を。

1 使う場所の近くに収納する

毎日使うキッチンツールは、計量カップや計量スプーン、ホイッパーなど下ごしらえで使うもの、おたまやフライ返しなどガス台調理で使うものに分け、それぞれ使う場所に寄せて収納しましょう。仕切りは使わなくてもOKです。

なくてもOK

仕切り用ケース

2 ラップ類や布巾も引き出しに収納

布巾類は引き出し収納が便利。まとめてたたみ、1段に立てて並べて収納を。タオルなどを同様に収納しても◎。また、使用中のラップやアルミホイル、保存袋も引き出しへ。使用頻度が高いので、取り出しやすい段に。

まとめておくと便利！

3 ストック類の収納も引き出しが便利

悩ましいのが、洗剤やゴミ袋、ビニール袋などのストックの収納。しまう場所がなければ、事務用のキャビネットを活用してみて。引き出しタイプなので、段ごとに収納するものを決めれば出し入れしやすく、すっきりさせられます。

ストック専用の引き出しへ

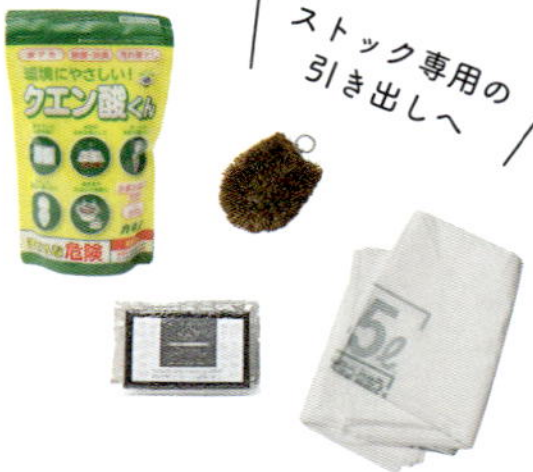

道具はどこで使うかを考えてシンク側とガス台側に分ける

包丁や鍋と同じく調理用小物も、どこでどれを使うのかを考えて、それぞれの作業がスムーズにできるように収納します。我が家では引き出し1段にすべて入れていますが、その中でもシンクに近いほうとガス台に近いほうで、ざっくり分けています。

ガス台で使う調理用小物

おたま、フライ返し、トングなど、ガス台で加熱調理をする際に使う道具は、ガス台側に寄せて並べます。

シンク側で使う調理用小物

計量スプーン、ハケ、泡立て器など、加熱調理の手前で使うことの多い道具は、ガス台とは反対のシンク側へ。

memo **出番の少ない道具はまとめてかごに**

たこ糸、ピック、巻きすなど、使用頻度があまり高くない調理道具は、浅めのかごにまとめて引き出しの奥のほうへ。これで、よく使う道具が取り出しやすくなります。

布巾などはたたみ、立てて並べて取り出しやすく

キッチンで使う布類はすべて、引き出し1段に収納しています。タオルや布巾など種類ごとに分け、立てて並べておけば取り出しやすくて、持っている数や種類も把握しやすいのでおすすめです。

調理中に使う布巾類

調理の際、手拭きや鍋つかみ代わりなど、何にでも使える布巾は真ん中に。

手拭き類

普段から使う手拭きと、来客用の手拭きを、一緒に奥のほうへ。

布巾

洗った食器を拭くなどで、布巾はよく使うので手前に収納。

よく使うものはつるして

シンクの近くに、布巾掛けがあると便利。食器を拭いたりした後、ちょっとつるしておけます。

調理用小物などの収納テク

ラップ、保存袋、ビニール袋などは同じ引き出しへ

我が家では、開封して使っているものは、引き出し1段にまとめて収納しています。縦に並べれば、どれでも取り出しやすいです。未開封のストックは、これとは別の場所にしまってあります。

袋入りのビニール袋

他のものに比べると出番が少なめなので、奥のほうに収納。取り出し口をこちらに向けておきます。

箱入りの保存袋

取り出し口を開けておき、中身をさっと取り出せるようにしています。サイズ順に並べて。

ラップ、クッキングシート、アルミホイル

開封済みのものだけを、引き出しの中にすべて並べて収納。長い順にしてすっきり配置します。

カトラリーは食卓にいちばん近い引き出しに仕切って収納

よく使うもの

何種類かあるうち、普段の食事で使っているものを手前に配置。

ものは、使う場所の近くに収納するのが基本。つまり、箸、スプーン、フォーク、ナイフなどのカトラリーは、食卓にいちばん近い引き出しにしまいます。カトラリーの種類別に仕切りを使うと便利です。

memo　細かい装飾品は種類ごとに保存袋に分類

仕切りとして、クリアファイルなども一緒に使うと便利です。

紙ナプキンは１種類ずつ入れておくと便利。

折れ・破れが心配なレースペーパーは、ファイルに挟んで。

デコレーション用ピックは、種類ごとにまとめておいて。

COLUMN

買い置きした消耗品はここへ!
その他のストック小物の収納テク

あると安心なストックは、キャビネット1台に入れてしまいます。

事務用キャビネットを収納棚に

キッチン収納専用ではないけれど、サイズや使い勝手がぴったりでした。

ゴミ箱は調理台の下に隠す

調理台の下にキャビネットを置き、その隣のスペースにゴミ箱もすっきり収まりました。

45Lゴミ袋

まだ使わないストックは立てておき、使っている束は横にしておく。

スーパーの袋

1枚ずつ簡単に結んで、浅めの引き出しへ。ざっくり大きさ別にしておくと使いやすい。

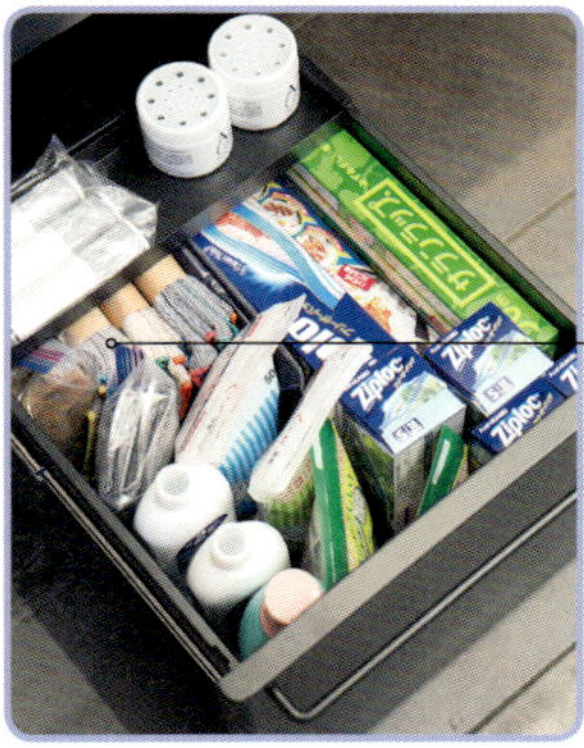

たわしやスポンジ

何個か予備のあるものは、種類ごとに保存袋に入れておけばごちゃごちゃしない。

洗剤、ラップなど

深さのある引き出しには、洗剤など高さのあるものがすっぽり。長さのあるものも、引き出しの高さに合えば立ててすっきり収納。

取り出しやすく、すっきり！

食器棚収納の基本ルール3

食器やグラス類を食器棚にぎっちりしまうと、取り出しにくいなどの悩みが。よく使うものを選び、すっきり収納して。

1 用途、形、高さごとに並べる

食器は、グラス、大皿、取り皿、おわん、茶わんなどさまざまなものがあるので、形や大きさ、用途で分類して棚に収納しましょう。皿を重ねるなら同じ形のものを、グラスを並べるなら高さや形を揃えると、すっきりとした印象に。

分類して収納を

2 よく使うものは取りやすい場所に

種類ごとに分類した食器は、さらに、使用頻度に応じて分けていきます。よく使うものほど、手の届きやすい段に収納するように。ときどき使うもの、使用頻度が低いものは、上段に収納するのがいいでしょう。

よく使うもの

3 棚は7～8分目のゆとり収納で

食器は、あまりにもギチギチに棚に詰めるのはNG。出し入れが大変になり、大切な器を傷つけてしまうことも。棚に対して7～8分目くらいの量にとどめてゆとりを持たせるのが、しまいやすく取り出しやすい食器収納の目安です。

出し入れしやすく

食器棚収納テク

グラスは取り出しやすいよう 形や高さ別に並べる

グラス類の入った食器棚を、ダイニングなどに置いている家庭も多いかもしれませんね。来客があったときのためにも、見た目がよくて取り出しやすい収納を心がけましょう。形や高さに応じ、ゆとりを持たせて並べて。また、グラスはこまめにピカピカに。

ワイングラス

何種類か持っているなら、ワイン用、シャンパン用など用途ごとに分けて、高さ順に並べて。

タンブラーなど

ワイングラス以上に形がいろいろ。使用頻度と取り出しやすさも考えながら、すっきり収納を。

memo

グラスもできるだけキレイに

ワインやシャンパン用のデリケートなグラスは、食器用洗剤でやさしく洗います。その後、アルコールをスプレーしてキッチンペーパーで拭き取って。

ある程度の用途別にして使用頻度に合わせた位置へ

マグカップ、取り皿、大皿、おわん、茶わんなど、形や大きさがバラバラな食器も、すっきり収納しましょう。まずは来客用と普段使い用に分け、それらを使用頻度に応じて棚へ。取り出しやすく、また食器が傷つかないように、詰め込みすぎには要注意。

おもてなし用食器など

来客用の食器

メニューが限られるためほとんど使わない食器は、上段に収納。

来客用＆普段使いの大皿

大皿のなかでも、よく使うものは手の届きやすい下段へ。来客用は中段へ。

飲み物用カップ類

普段使い用食器

使用目的が決まっている食器

我が家では、料理の撮影時に試食で使う取り皿をここへ。

来客用のコーヒーカップ

コーヒーカップなども、安定感があれば重ねて省スペースに。

普段使いのカップや急須

自分や家族が毎日使うものなので、さっと取り出せるところに収納。

普段使いの食器類

よく使うおわん類や取り皿は、取り出しやすい中段から下段に。

COLUMN

牛尾さんの器たちと使い方アイデア

普段の食事、お客様向けのお茶や食事に、調和のとれた和食器を。

お気に入りの作家さんの器を集めています

素敵な器は、生活を豊かにしてくれます。ただ切って塩をふっただけの野菜も、お気に入りの器に盛りつければおいしく感じるものです。私の料理にいちばん似合うものは和食器だと思うので、洋食でも中華でも和食器に盛りつけ。お客様がいらしても、揃いの食器でおもてなしする必要はなく、お気に入りの作家さんや好きなテイストのものを集めていれば、自然と調和がとれるような気がします。

トレー1枚にこんなセットはいかが？

お茶セット

朝、その日一日のスケジュールを確認して、打ち合わせなどで来客の予定があれば、直前に慌てないで済むようにお茶のセットを用意しておきます。

献立セット

ダイエット中で食事の管理をしているので、朝からざっくりと栄養計算をして、その日の献立を決め、器をセットしておきます。なるべく余分なものを食べないように。

長く大切に使っています

縁あって親しくさせていただいている土屋典康さんの作品や、骨董屋で見つけた器たち。欠けてしまっても、愛着があるものは銀継ぎして長く使うようにしています。

PART 4

すっきり収納で、家族もお客様も気持ちよく使える洗面台に。

ラクして続く家事テク②

洗面所&浴室&トイレ編

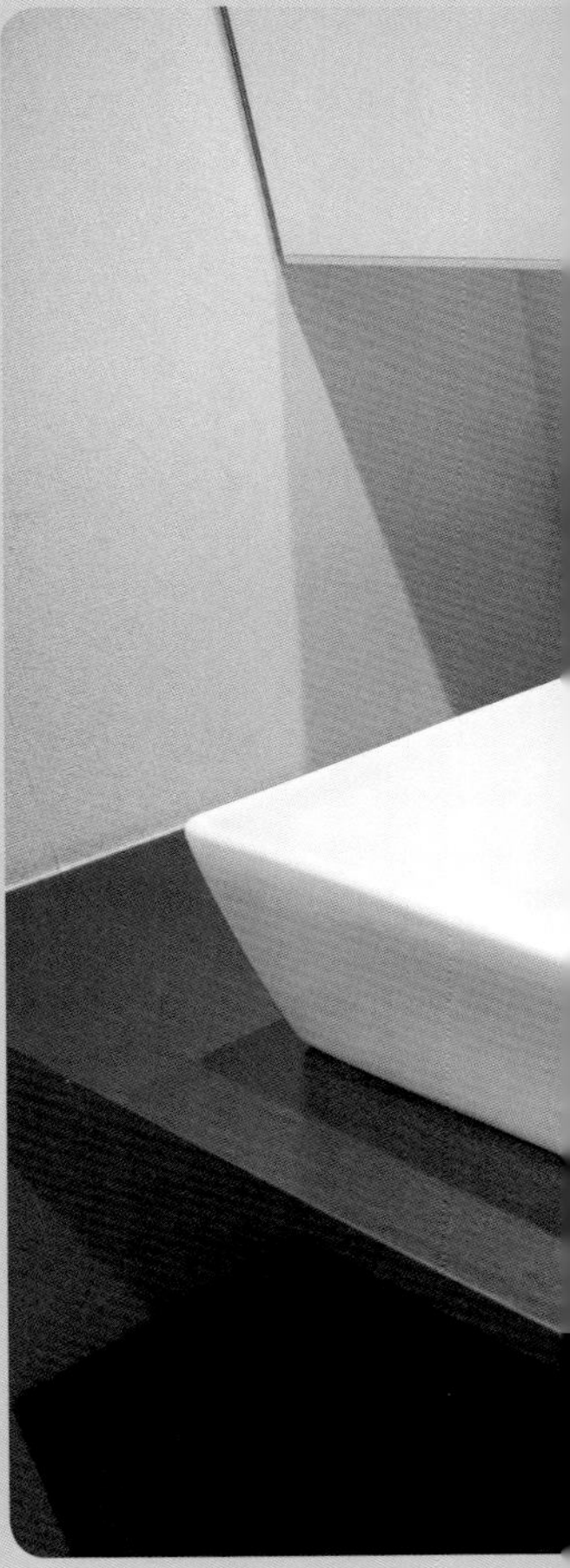

カビや水アカで汚れたサニタリーは、掃除がおっくう。ちょっとした心がけで汚れを防ぎ、面倒な掃除から解放されましょう！

Q 洗面用品の置き方、どっちが便利？

ぱっと手に取れてラク？

A すぐ使いやすいように洗面台に置いておく

NG! 出しっぱなしにしているものには水滴がつきやすく、ホコリもたまりがちで気持ちよく使えない。

掃除がスムーズにできず キレイを保ちづらい

洗面台をキレイに保つ秘訣は、顔を洗ったり歯を磨いたりしたときに飛びはねた水滴を、こまめに拭くように心がけておくことです。そのためには、洗面用品などをどのように配置しておくのか、ということが大事になってきます。洗面台の上にあれこれ置いているものを、いちいち移動させながら掃除するのは面倒。必要なもの以外は、できるだけ棚などにしまっておきましょう。

収納棚を
最大限に活用！

B
使う人別に分けて すべて棚の中に収納する

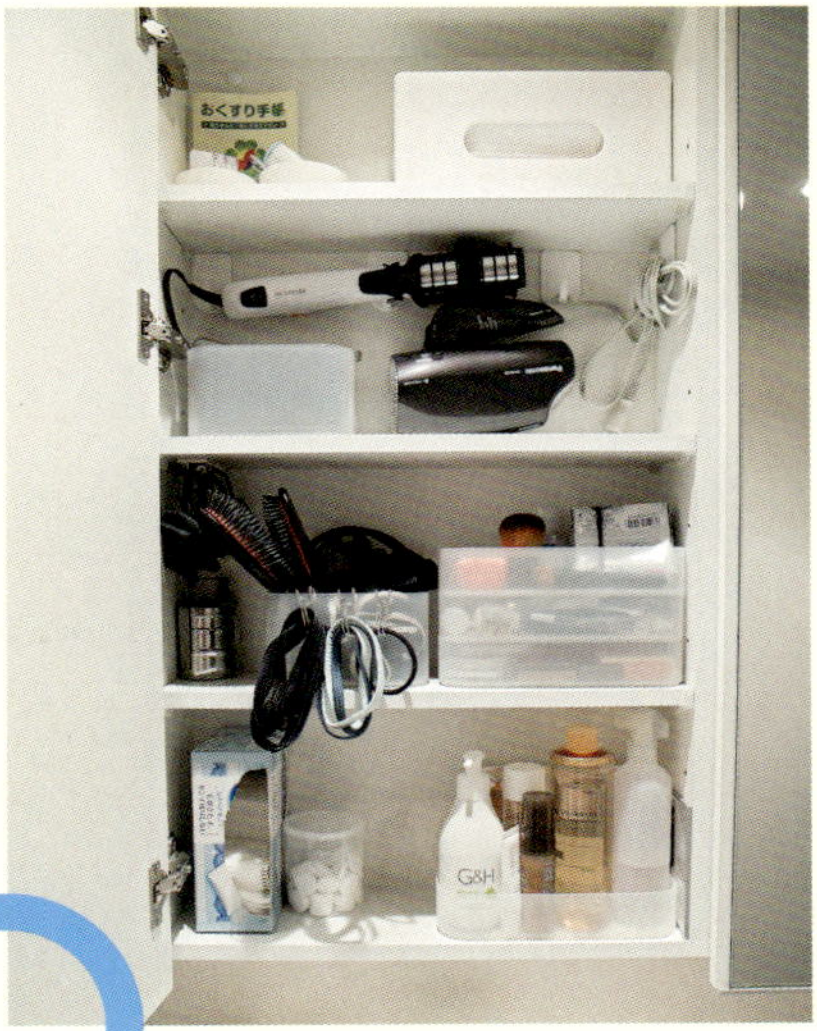

OK!

我が家では、洗面用品の他に薬や衛生用品なども洗面所の棚に収納しています。

使う人や目的に合わせて収納してすっきり空間に

せっかく洗面用品を棚へ収納するのなら、家族みんなにとって使いやすい配置を考えてみましょう。家族のうち特定の人が使うのか全員が使うのかで分け、また、ヘアケアやスキンケアなど目的別にグルーピングします。棚にしまう際は、グループごとに段を決めて収納するのがおすすめ。こうすれば、洗面台に出しておかなくても、すぐに見つけられて使いやすくなります。

＼すっきり！ 使いやすい！／

洗面所収納の基本ルール3

洗面所にはこまごましたものが多く、出しっぱなしになる場合も。家族が使いやすく、キレイに保つコツを覚えましょう。

1 収納棚は使う人&目的別に分ける

洗面所の収納棚には限りがありますが、使用する人（自分用、夫用、子ども用など）と、目的（家族全員で使う、けがや病気の改善、健康維持など）別で、なるべくグルーピングを。よく使うものほど、手の届きやすい段に収納して。

＼けがや病気の改善と健康維持が目的／

2 化粧品なども一式洗面所に収納

洗面台には大きな鏡があるので、洗顔や歯磨きをした後に、メイクやヘアケアもできると便利です。化粧水などの基礎化粧品、メイク道具、ヘアケア用品やドライヤーなどをまとめて収納しておけば、すぐに使えてラクチンです。

＼使いやすくまとめておく／

3 薬やばんそうこうもまとめておく

救急箱に常備するものを、洗面所に収納するのもおすすめ。洗面台は水を飲める場所でもあるので、薬の収納場所にも最適です。また、お風呂上がりに張り替えるばんそうこうや湿布などもあると便利。綿棒や体温計もまとめて。

＼箱を利用してすっきり収納／

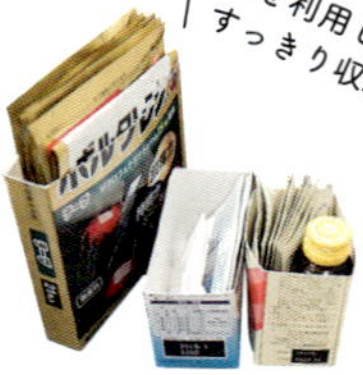

洗面所収納テク

使う人&目的別に使いやすさを考えて分け、配置する

洗面所の棚にしまうものは、誰が使うのか、何のために使うのかを基準にグルーピングして、段ごとに区切って収納していきます。

私はものを増やすことが好きではないので、収納ケースそのものも、必要最低限の数にとどめるようにしています。

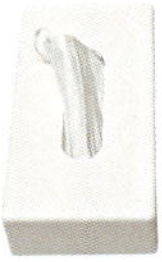

ティッシュケースをマスク入れに

箱買いしたマスクは、安定感のあるケースに入れて取り出しやすく。

処方薬

病院で処方してもらった薬は、「おくすり手帳」とセットに。

ドライヤー、コテなど

棚の背板にフックをつけ、コードや本体を掛けると収納力アップ。

ヘアケア・メイク道具など

ヘアセット用、メイク用でケースを分けて、すっきり。

スキンケア用品

コットンやパック、化粧水など。お風呂上がりにすぐケアできる。

洗面所収納テク

救急箱に常備するものも洗面所の棚に収納する

軽いけがや体調不良への備えも、洗面所の棚に。薬はパッケージの箱ごと収納することと、洗面所で必要な場合が多いはさみを置いておくことがポイントです。

内服薬や湿布は箱ごと収納

箱の上部を切り、残量が見えるよう収納。使用方法やメーカーの確認にも◎。

綿棒、体温計など

綿棒のあき容器には、体温計やチューブタイプの薬などをまとめて。

紙コップ

口をゆすぐには、紙コップが清潔で便利。掃除の際に重曹などを入れるのにも使える。

掃除用のアルコール

ラベルをはがしておけば、文字情報がなくなって見た目がすっきり。

洗面所専用のはさみを常備

洗剤や薬を開封する、洋服のタグやほつれ糸を切るなど、マストアイテム。

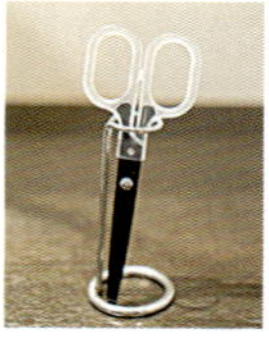

COLUMN

クエン酸、重曹、セスキの保存

掃除用の粉類は、使いやすい状態にして保存しておきましょう。

中身を保存瓶に移し替える

掃除に使うクエン酸、重曹、セスキは、粉状のものだと袋に入って売られていることがほとんど。そのままでは使いづらいので、買ってきたら、それぞれの中身を、形が同じ保存瓶に移し替えています。こうすれば、ぐっと使いやすくなるのでおすすめです。

スプーンの色で中身を判別

移し替えたら、瓶の中身を判別できるようにしておく必要があります。その場合、ラベリングするのが一般的かもしれませんが、色や形の違うスプーンをそれぞれの瓶に入れておくだけでも、区別しやすくなります。見た目もすっきりして、管理しやすいですよ。

Q 洗面台の掃除の仕方、どっちがラク？

A

ぱっと目に
つくところ
だけでOK

光る部分を重点的にピカピカに拭く

OK! 毎日の掃除では、アルコールを使って光るところを重点的に磨いて。消毒・殺菌の役割も。

光るところを光らせれば全体的にキレイに見える

洗面ボウルから洗面台まで、すべてをしっかり掃除することができれば、それに越したことはありません。ですが、光るところを光らせておくだけでも、洗面所全体が何となくキレイに見えるものです。まずは、ここから始めてみましょう。蛇口や鏡についた水滴はさっと拭き、手アカがついて気になるところがあれば、アルコールをスプレーして拭いて、ピカピカに光らせておきます。

B

目につきづらいところもしっかり

全体的にすみずみまでキレイに拭く

OK!

もちろん、完璧に掃除するのがいちばんですが、毎日しなくても大丈夫。気になったときに拭いて。

気がついたら、その都度拭き取るだけでOK

　毎日の掃除はもちろん大切ですが、手間がかかりすぎて面倒に感じてしまい、掃除がおろそかになるほうが問題です。毎日のことだからこそ、ついで掃除をするのがおすすめ。水滴が飛びはねているのに気づいたときには見逃さないで、さっと拭くようにしましょう。毎朝夕の歯磨きや洗顔のついでもいいですし、洗濯する直前のタオル類で拭き取るようにするのもいいと思います。

＼ポイントを押さえてピカピカに／

洗面所掃除の基本ルール3

洗面所は、髪の毛やホコリ、飛び散った水や泡などによって、意外と汚れています。使うたびにひと拭きする習慣を。

1 なるべく洗面台にものは置かない

洗顔、手洗い、歯磨き、髪の手入れなどいろいろな目的で使うため、洗面台の上に用具をあれこれ出しっぱなしにしていることも多いもの。けれどそれでは拭き掃除がしにくいので、必要なもの以外はなるべく棚にしまいましょう。

＼出しっぱなしにせず棚にしまう／

2 何かのついでにキレイにする

洗顔や歯磨きなどで洗面所を使ったついでに、飛びはねた水滴を拭くといいでしょう。また、洗濯機に入れる直前のタオルなどでさっと拭くのもおすすめ。これを習慣にすると、それだけでキレイは保たれ、掃除がラクになります。

使う道具

洗う前の洗濯物

3 鏡など光るところを光らせる

洗面所は、毎日すみずみまでしっかり掃除しなくても、光るところを光らせておけばキレイな印象になります。特に鏡は手アカなどがつきやすいので、アルコールをスプレーして磨いておいて。棚の拭き掃除は、時間のあるときに。

使う道具

ファイバークロス

アルコール

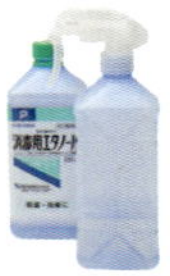

洗面所掃除テク

洗面台にあれこれ置かないことで掃除がラクに

洗面所収納の基本ルールを押さえて片づけ、必要最低限のものしか置かないようにしておけば、掃除がとてもスムーズにできるようになります。洗面台も床も、ラクしてキレイを保ちましょう。

ハンドソープと石けんはここへ

来客用のハンドソープはすぐわかる場所に。隣に自分用の石けんも。

家の中に1箱だけのティッシュ

定位置はここですが、別の部屋で使うときは移動させてもOK。

洗面台に水が飛びはねたときなど、ちょっとした拭き掃除をしたいときも手軽。

洗面所の床は水滴が飛び散りやすいので、毎朝拭き掃除をするのが基本。

何かのついでに洗面台や蛇口を水拭きする

顔を洗ったり歯を磨いたりしたとき、洗面台に飛びはねた水を拭く。雑巾を洗うとき、そのついでに洗面ボウルをこすって洗う。こんな感じで、気づいたときにさっと拭くことを心がけると◎。蛇口もこまめに拭けば、水アカがつきにくくなります。

ついでに蛇口も拭いて

最後は絞ったクロスで拭いて、水滴を残さないように。

memo

洗濯のついでに拭くのもおすすめ

洗面台を使ったときに限らず、洗濯のついででも拭き掃除はできます。洗濯機に入れる直前のタオルやハンカチなどで、水はねをさっと拭くのもいいでしょう。

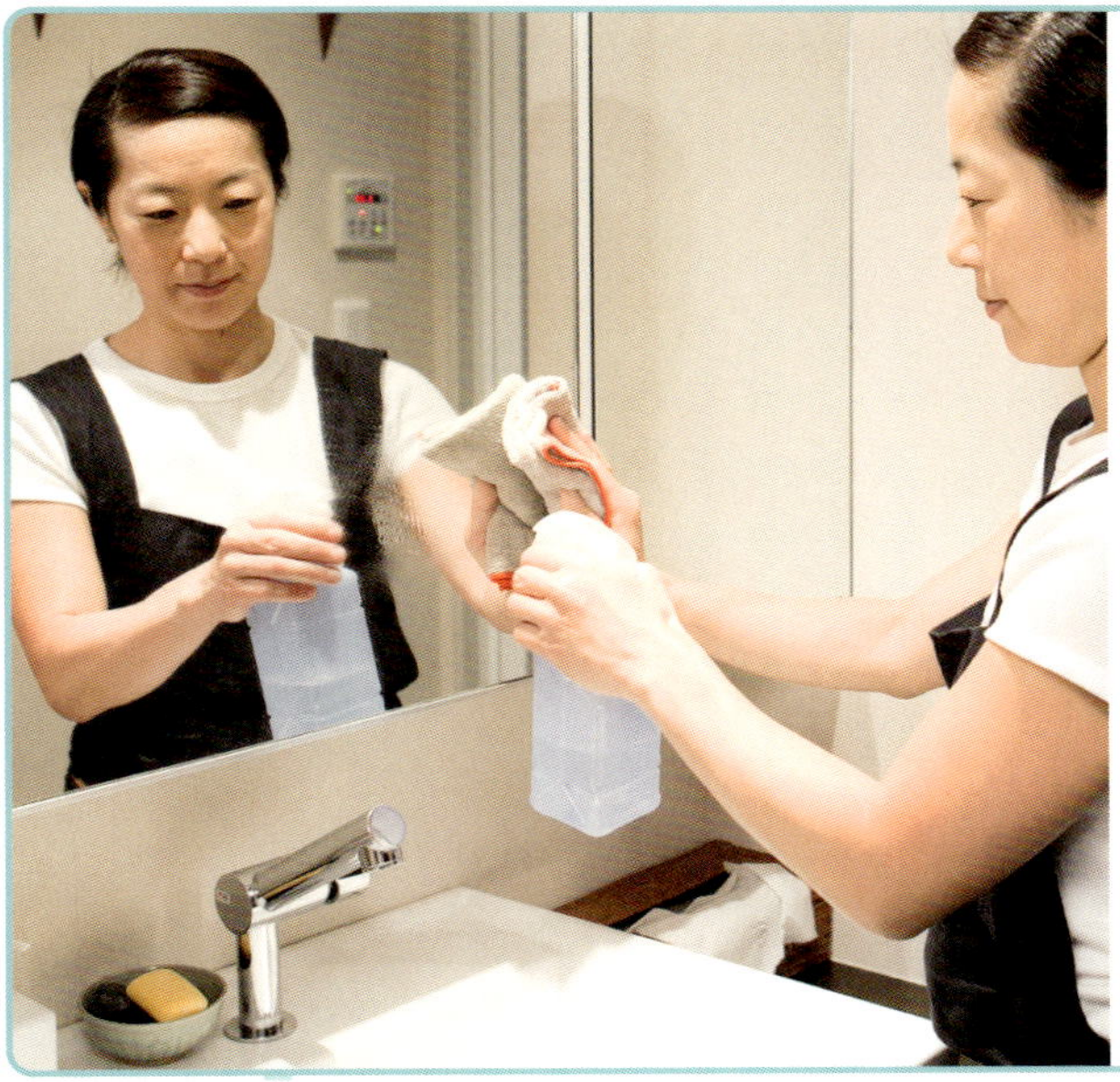

洗面所掃除テク

鏡や蛇口など光るところを重点的に拭いて光らせておく

手アカがついた鏡などは、アルコールを吹きかけてファイバークロスでひと拭き。専用の洗剤を使わなくても、アルコールがあれば、手アカや水はねによる曇りがすっきりしてピカピカになります。ついでに、蛇口もアルコールをスプレーして磨きましょう。

蛇口にもアルコールをスプレー

鏡などを拭いたときには、ついでに蛇口も磨いて。

memo

アルコールをスプレーして除菌も

アルコールには殺菌効果があるので、水まわりなどの雑菌の繁殖を予防。手アカや皮脂などの油汚れもラクに落とせます。

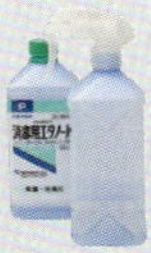

Q 掃除用具とその収納、どっちがラク？

専用の掃除用具を使うのがベスト？

A 浴室用のブーツ、スポンジ、ブラシ、洗剤

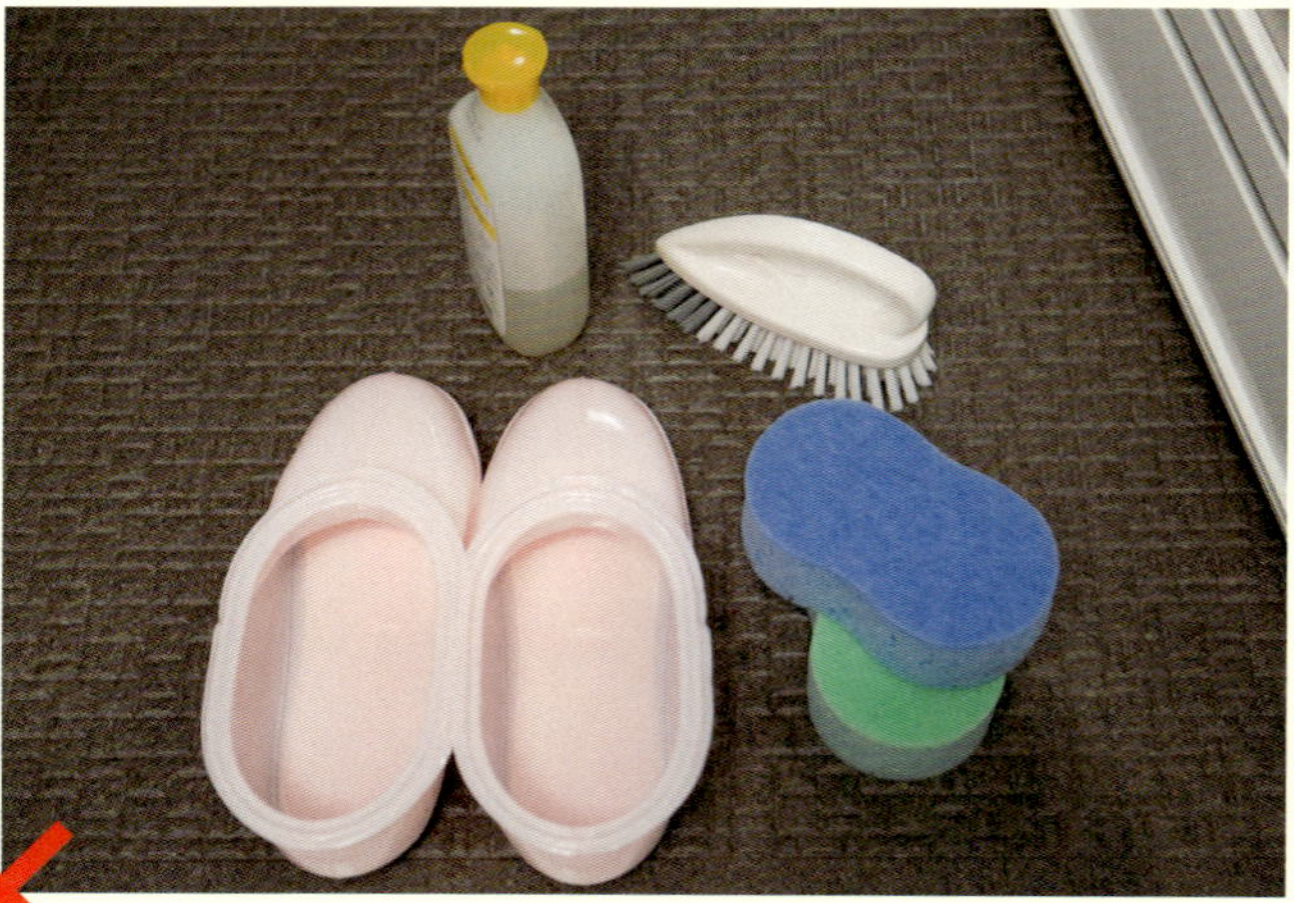

NG! 浴室でしか使わない掃除用具いろいろ。種類が増えるほど、ストックの管理なども手間に。

専用品を一式揃えても収納場所に困ることに

例えば、我が家に浴室用のブーツはありません。強い洗剤を使うことはほとんどなく、裸足で問題なく掃除できるからです。掃除を便利にするためにグッズをいろいろと揃えるのもいいですが、その数が多くなれば収納に場所をとります。かさばりがちな掃除用具を、S字フックなどを使って浴室内にずらずら掛けていると、お風呂が掃除をするためのような空間になってしまいます。

コンパクトだから
収納もすっきり！

B

食器用のスポンジ、たわし、クエン酸水、セスキ水

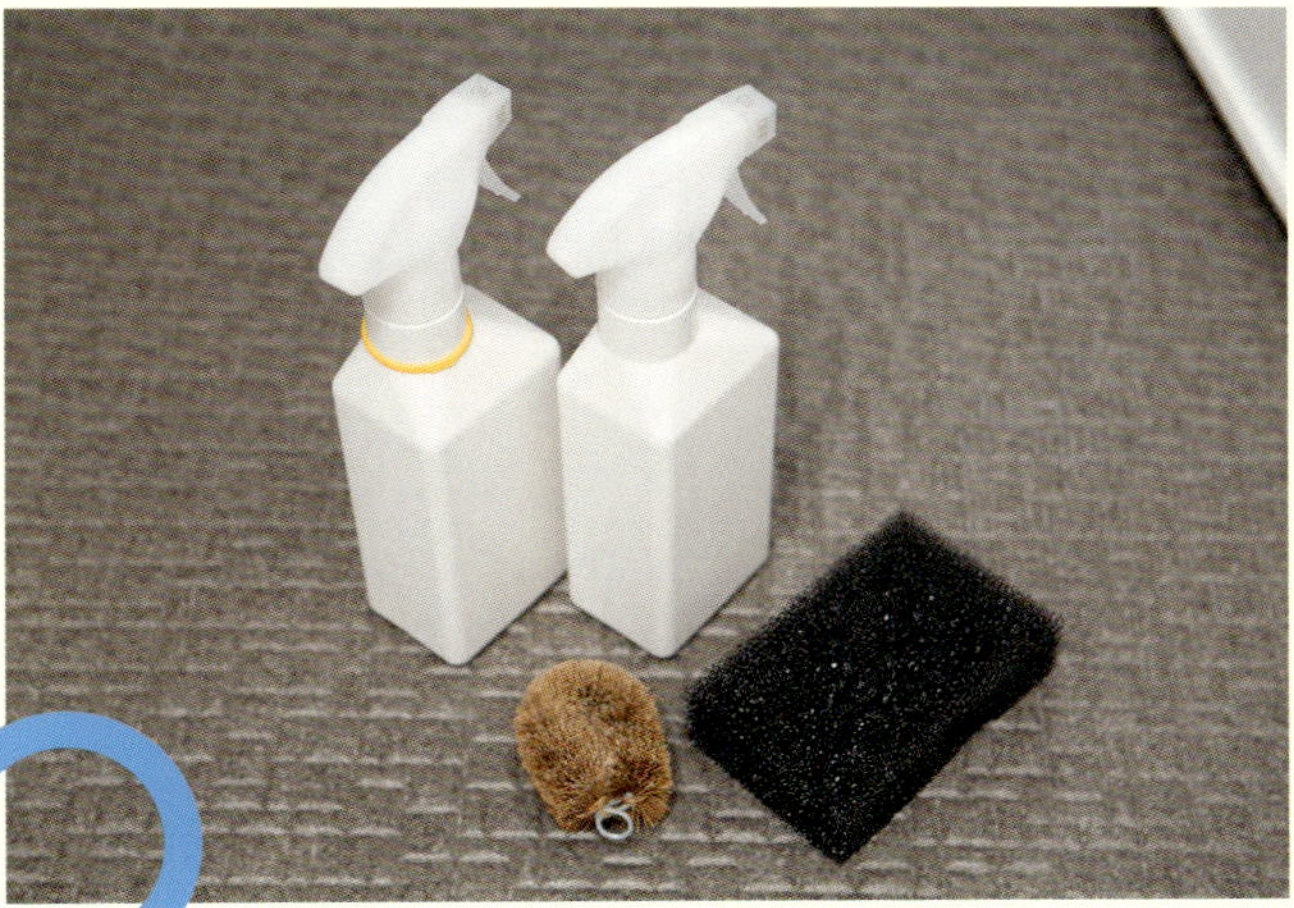

OK! 台所で使っているものと同じ、シンプルなこのセットがあるだけで十分。

食器用なら力加減がわかりやすく使いやすい

お風呂は、体を洗って1日の疲れを取るところです。必要最低限のものだけを置き、家族みんなが使いやすく、リラックスできるようにしておくことがいちばんだと思います。我が家では、食器用と同じ種類のスポンジとたわしを、浴室掃除にも使っています。これならすっきり収納できるうえに、手への収まりがよくて扱いやすく、力加減もわかりやすいので、ラクに掃除ができます。

すっきり、機能的に！

浴室収納の基本ルール3

シャンプーやリンス、掃除道具、椅子やおけなど、何気にものが多い浴室。スッキリさせるためのコツを押さえましょう。

1 浴室には極力ものを置かない

浴室の温度と湿度は、ぬめりやカビが繁殖しやすい環境です。だからこそ、浴室用のブーツやおけ、椅子などは極力置かないほうが◎。それらを掃除する手間も省けるうえ、浴室を広々と使えて快適なバスタイムを過ごせます。

なくてもOK

浴室用ブーツ

風呂おけ

2 収納棚、S字フックもなくてOK

浴室用のグッズあれこれを使わないようにすれば、収納棚も必要なくなります。収納棚を置くと、そこにも水アカやカビが発生しやすく、掃除が大変に。また、S字フックを使って掃除道具をかけておくことも避けたいものです。

なくてもOK

浴室用収納棚

S字フック

3 脱衣所にはタオルや洗剤類を収納

脱衣所の棚には、タオル類、浴室用洗剤、予備のボディーソープやシャンプーなどを収納。洗濯機を置いていることも多いはずなので、洗濯用洗剤も一緒にしまって。すっきり見せるために、タオルの色や収納かごの材質は統一。

使う道具

収納かご

浴室収納テク

浴室内に置くものは最低限に。残りは脱衣所などの棚へ

シャンプーなど、入浴になくてはならないものだけを浴室内に置くようにしましょう。それらはボトルのデザインを統一すれば、浴室の見た目がさらにすっきりします。入浴に直接必要のない掃除用具などは、浴室外に収納を。同じ棚にはタオルなども入れます。

タオルの収納は統一感を出して

バスタオルからフェイスタオルまで同系色でまとめると、収納時の見た目がすっきり。すべて同じようにたたみ、向きを揃えて棚へ。

memo **椅子や風呂おけも断捨離すれば快適！**

我が家にはお年寄りや子どもがいないので、おけや椅子がなくても今のところ不自由はありません。むしろ、これらを洗う手間が省けて、浴室をすっきり気持ちよく使えます。

かごを上手に利用して洗剤やパジャマなども棚へ

洗剤は同型のボトルで統一

洗濯用の洗剤は、ボトルの統一感を意識して同型のものをチョイス。かごにすっきり収まり、ふたの色で中身を見分けられます。

漂白剤も同じかごにセット

酸素系漂白剤は酸素を発生し続けるので、空気穴のあるタンブラーで保存。飲み口とふたで開け口を使い分ければ、量の調節にも便利。

手が届きづらい高さの棚では、かごを使った収納が便利。洗濯に必要なものなど、かごにひとまとめにして棚に入れます。洗剤、柔軟剤、漂白剤、洗濯ネットをセットにすれば、使い勝手も収納も◎。別のかごにはパジャマを入れて、手軽に収納しています。

パジャマもかごにぽんっと

夏は毎日、冬は2日に1回洗濯するパジャマを、いちいちたたむのは面倒。かごに入れておく収納なら、くるくる丸めるだけでOK。

COLUMN

洗濯機のお手入れHOW TO

洗濯機は、毎日、週に1回、月に1回と、3タイプのお手入れをしています。洗濯槽の掃除は、浴室の配管掃除のついでに。

毎日

■ゴミフィルターにたまったゴミはできるだけ取り除き、アルコールをシュッとスプレー。

週1回

■浴室掃除のついでに、洗濯機のゴミフィルターや洗剤の投入口などを古歯ブラシで洗っておきます。

月1回

3か月に1回

■洗濯槽の掃除には、浴槽の残り湯を利用。漂白剤は、月ごとに塩素系と酸素系を交互に使います。
塩素系漂白剤は、見えない菌まで除菌。洗濯槽専用でも台所用でもOK。満水の洗濯機に、300mℓほど入れます。

酸素系漂白剤は、50℃以上でカビをはがしやすくします。沸かした残り湯（追いだき機能がなければ、普通にためたお湯）と酸素系漂白剤500～600ｇを洗濯槽に入れます。

どちらも少し回してから半日～1日おき、汚れが浮いていたら取り除き、脱水後に1度標準コースで回します。冬場は2～3か月に1回、夏場は月1回の掃除がおすすめです。

水アカよ、さらば！

浴室掃除の基本ルール3

石けんカスや皮脂汚れがつき、カビにとって適度な湿度と温度になる浴室。カビを最小限に抑えるルーティンを紹介します。

1 床をさっとこする

浴室が汚れてから掃除しようとすると、手ごわいカビを落とすのにひと苦労します。それを防ぐためにも、入浴後に必ずやっておくことを身につけて。まずは床を、スポンジなどでこすっておきます。四隅は念入りに、他はさっと。

使う道具

食器用スポンジ

たわし

2 壁やドア、浴槽の水滴を取りきる

石けん水などが飛び散った水滴をそのままにしてしまうと、水の中のカルシウムとマグネシウムが石けん成分と結合し、乾いてこびりつくことに。さらに放置すると、ピンク色のぬめりなどの原因になるので、水滴はきちんと取って。

使う道具

スクイージー

3 排水口のふたを開けておく

髪の毛、皮脂やアカがたまる排水口は、そのままにしておくと雑菌が繁殖し、においやぬめりの原因に。入浴後にはふたを開け、髪の毛などを取り除き、アルコールをスプレーしておきましょう。これが、カビ予防につながります。

使う道具

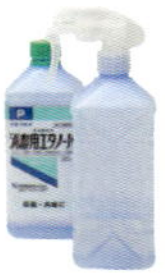

アルコール

浴室掃除テク

浴槽のお湯を抜いている間にスポンジで床をひとこすり

毎日のお風呂上がりの際に、ちょっとした掃除をルーティンにすることで、カビの発生をできるだけ防ぎましょう。まずは、浴槽のお湯を抜いている間にさっとできる、床のこすり洗いからスタート。汚れが軽いうちに、ラクに掃除することを習慣にして。

四隅はピンク色のぬめりに注意

床、特に四隅はピンク色のぬめりが発生しやすいので、スポンジでさっとこすっておくことで予防を。

手になじむ食器用スポンジかたわしを使って

浴槽の内側を手でこする

お湯を抜き終わった浴槽の内側は、ざらつきがわかりやすいよう、手でこすり洗い。スポンジでよく洗うのは、次にお湯をためるとき。

スクイージーやタオルで浴室中の水滴を取り除く

お湯を抜きながらの掃除が終わったら、浴室中の水滴を取り除きます。スクイージーで浴槽の外側、壁、ドアなどを、タオルで蛇口などを、それぞれしっかり拭いておくことで、水アカがつくのを予防しましょう。

まずは大きい面から

浴槽の外側、壁、ドアは、スクイージーを使うと手軽で便利。

広い平面にはスクイージーを！

蛇口などはタオルで

スクイージーが使えないところは、体を拭き終わったタオルで。

浴室掃除テク

排水口は毎日ふたを開けてアルコールをシュッ!

排水口は、汚いと掃除がおっくうに。やはり毎日キレイにすることが大切です。入浴後にふたを開けておけば、目につくゴミを放置するわけにはいきません。湿気がたまりにくいので、カビの発生を抑えることにも。

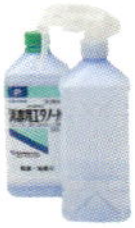

カビ予防にアルコール

ファイバークロスでさっと拭いて

アルコールをひと吹き

キレイにした受け皿にひと吹きして、カビ予防のパワーアップ。

最後にドアの枠もさっと拭いて

すべての掃除が終わったら、ドアの足元もさっと拭いておいて。

週1回

＼計画的にピカピカに！／

自然素材で浴室掃除

週に1回の掃除は、クエン酸などの自然素材で、すっきりキレイに。
続けることで、2週間に1回でもキレイを保てるようになります。

1 シャワーヘッドなどは温かいクエン酸水へ

まずは、温かいクエン酸水をバケツにたっぷり用意。お湯10Lに対し、クエン酸250gの割合で混ぜます。そこへシャワーヘッドや、浴室に備えつけの小物棚など、つけおき洗いしたいものを入れて30分ほど放置。その後、スポンジでこすり洗いします。

goods

クエン酸

水アカなどの汚れを落としやすくするには、クエン酸がぴったり。

2 気になる水アカはクエン酸水でパック

つけおき洗いができないところの水アカには、パックをしましょう。クエン酸水にひたしたキッチンペーパーを、鏡や蛇口に貼りつけます。30分ほどおき、スポンジでこすり洗いします。

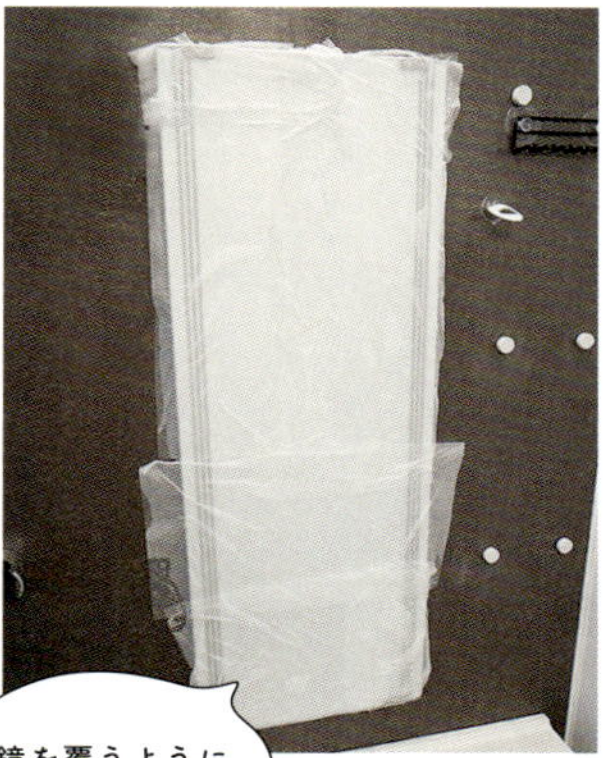

鏡を覆うように
パック

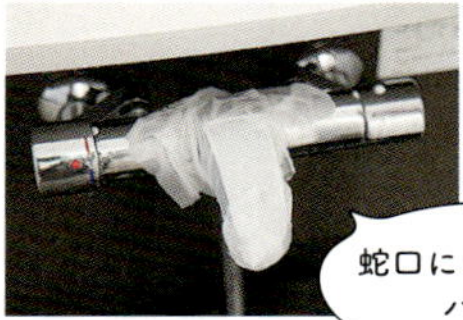

このまま30分ほどおいたらペーパーをはずして、スポンジでこする。

蛇口にもしっかり
パック

3 手ごわい水アカは重曹ペーストでゴシゴシ

クエン酸で落ちない水アカには、重曹ペーストを研磨剤として使い、古歯ブラシでこすり落とします。水アカは濡れるとよく見えないので、乾いた状態で場所を確認しておいて。もしくは、触ってみてカリカリしているところを洗うように。

goods

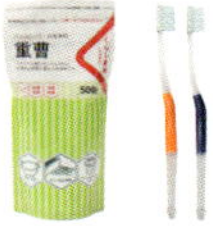

重曹／古歯ブラシ

傷がつく心配のないものなら、重曹を研磨剤として使用。古歯ブラシで、細かい部分までしっかり磨いて。

構造が複雑だと水アカがたまりやすいので、しっかりこすって。

シャワーヘッドの
細かい部分も

4 落ちやすい湯アカならセスキ水とスポンジで

壁にはセスキ水だけでも！

壁などには、水道水に含まれるマグネシウムと石けんの成分によってできる軽めの湯アカがつきます。セスキ水をスプレーしてから、スポンジでこするだけでキレイに。

goods

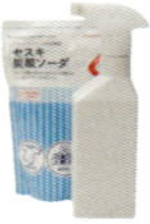

セスキ水

湯アカや黒ずみなど、軽めの汚れなら分解してキレイに。

5 掃除の最後に天井を拭き上げる

床用ワイパーでラクに拭ける！

浴室全体の掃除が終わったら、床用ワイパーにファイバークロスをセットして、天井を拭きます。また、照明のカバーや、汚れがちなドアの枠も拭いておいて。

goods

GEORGE'S

ファイバークロス

水滴までしっかり拭き取るために、浴室掃除でも必須。

COLUMN

＼さらにピカピカに！／

漂白剤＆防カビ剤で浴室掃除

定期的に配管の中もキレイにしましょう。カビの予防も忘れずに。

月1回

酸素系漂白剤で配管を掃除

配管掃除の際には、シャワーホースや排水口の部品なども一緒に掃除します。浴槽に水を張り、漂白したいものを入れ、酸素系漂白剤500ｇを入れて追いだき。その後、お湯を抜き、水を入れて再度追いだきします。

goods

酸素系漂白剤

酸化と発泡のパワーによって、汚れをはがし取る！

2か月に1回

くん煙剤でカビ予防。発見したカビは即対処

浴槽エプロン（浴槽の側面カバー）は、はずして洗います。そして、くん煙剤を使って浴室全体のカビを予防。もしカビを見つけたら、早めに対処します。軽いものなら酸素系漂白剤ペーストを塗っておき、手ごわいものには塩素系漂白剤をキッチンペーパーでパック。

goods

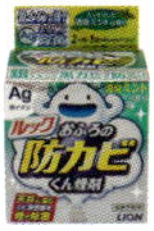

浴室用くん煙剤

浴室全体を「銀イオン」の煙で満たし、黒カビ発生の原因となる胞子を除菌。

memo

配管掃除の日は、忘れないように決めておく

月に1回、2か月に1回などの定期的な掃除はうっかり忘れてしまいがち。毎月26日=風呂の日に掃除すると決めるなど、忘れない工夫を。

Q 掃除をするとき、どっちがラク？

A

汚れが目立たない？

便座カバーやマットがあるトイレ

NG! インテリア性が高く、汚れが目立たないという面がある一方、こまめに洗濯しないと雑菌の温床に。

汚れがどんどんたまって不潔になりがち

トイレのインテリアのため、また寒さ対策が目的なら、便座カバーやマットを使うのもありかもしれません。そしてその場合、トイレの汚れが目立ちにくいので、一見キレイな状態が続くでしょう。しかし、それは汚れをため込みやすくなるということでもあります。便座カバーやマットを洗濯するのは毎日ではないでしょうから、こまめな掃除から遠ざかってしまうことになるのです。

B

断然掃除がラク！

便座カバーやマットがないトイレ

OK!

便座や床に汚れがついたときにすぐわかる。障害物がないから、さっと掃除ができる。

汚れがすぐにわかるから こまめに掃除するように

トイレに限らずですが、こまめに掃除をして汚れをため込まないようにすることが、ラクにキレイを保つためのポイントです。便座カバーやマットがない状態なら、便座や床についた汚れが目立つため、そこをすぐに掃除することにつながります。そのうえ洗濯の手間がなくなるので、掃除は圧倒的にラクに。結果として、キレイを保ちやすくなるという好循環が生まれるのです。

キレイを保ってハッピーに

トイレ掃除の基本ルール3

はねた尿や皮脂汚れ、ホコリなどがたまりやすいトイレを清潔に維持するための、掃除のポイントを紹介します。

1 便器まわりは毎日さっと拭き掃除！

尿や皮脂汚れ、ホコリなどさまざまな汚れがたまりやすいトイレ。だからこそ、毎日掃除することが大切です。専用の拭き取り剤とトイレットペーパーで、キレイにしておきましょう。さっと拭くだけだからラク！

使う道具

トイレットペーパー

トイレ用拭き取り剤

2 床はウエットシート＋アルコールで拭く

毎朝の掃除のルーティンで家中の床を拭く際は、トイレの床も拭きましょう。トイレは尿などが飛び散っていて雑菌も多いので、アルコールを吹きかけてから拭くのがおすすめ。掃除と同時に、除菌効果も期待できます。

使う道具

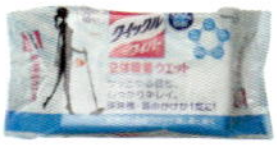

床用ウエットシート

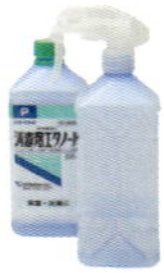

アルコール

3 しっかり掃除にはクエン酸＋重曹を

壁やドアは、週に１回はアルコールで拭き掃除を。さらに、便器やタンクなどもしっかり掃除するのが理想的。クエン酸パックや重曹で磨くなどしてピカピカにして。「月曜日の入浴前にやる」など決めておくと◎。

使う道具

クエン酸

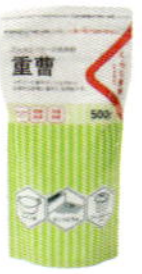

重曹

トイレ掃除テク

普段はトイレットペーパーでの拭き掃除だけでOK!

トイレは毎日、簡単にでも掃除を。トイレを使ったついでに、トイレットペーパーと拭き取り剤でさっと拭き掃除をするようにしましょう。ステンレス製のペーパーホルダーは、手アカやホコリ、菌などがたまりやすいところなので、忘れずに拭いて。

手アカやホコリ、菌がたまりがち。毎日触るところなので、除菌も心がけておきたいもの。

タンクの外側もしっかり拭く

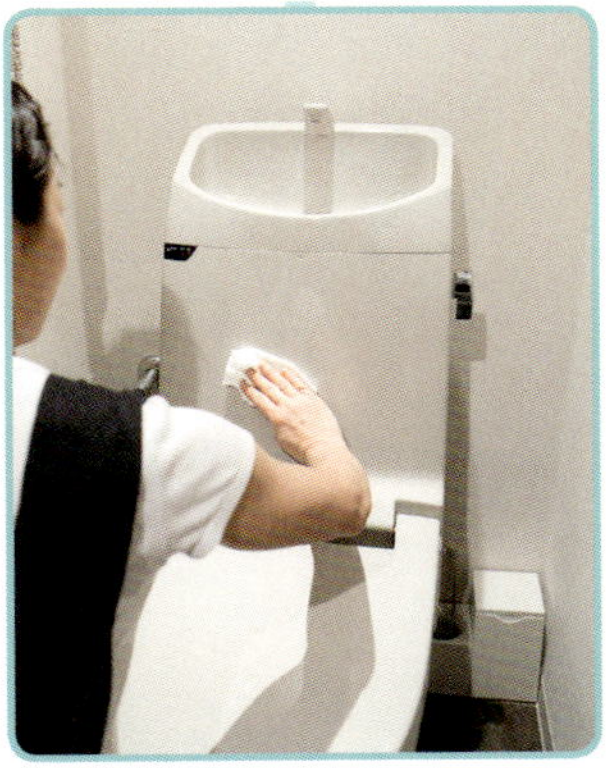

うっかり掃除を忘れやすいところも、毎日のついで掃除の際にしっかり拭いてキレイにする習慣を。

memo

便利なトイレ用拭き取り剤

毎日の拭き掃除には、「まめピカ」が便利。トイレットペーパーがボロボロにならず、しっかり拭けます。

トイレ掃除テク

便座や便器もトイレットペーパーで拭くだけ

使うたび汚れてしまう便座や便器は、毎日掃除して汚れをため込まないようにすることが大切。トイレットペーパーで、さっと拭く習慣をつけましょう。便器の内側を拭くには、トングがあると便利です。

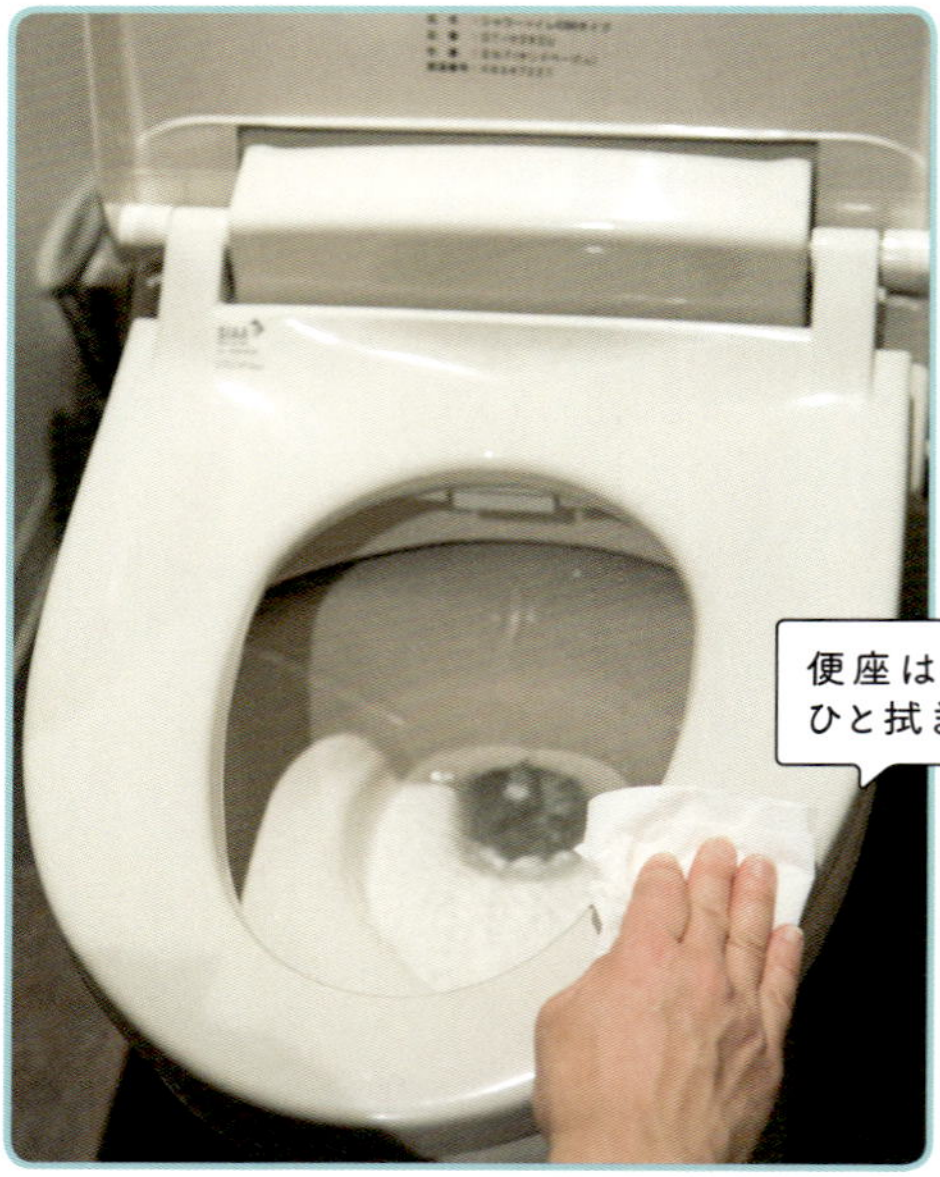
便座はさっと
ひと拭き

皮脂がべったりつくところなので、その分ホコリがつきやすい。放置しておくと、黒ずみの原因に。

「まめピカ」の抗菌タイプでにおい対策も

シンプルなトングが衛生的で◎

トイレットペーパーをトングでつかめば、便器の内側でも気軽に拭ける。

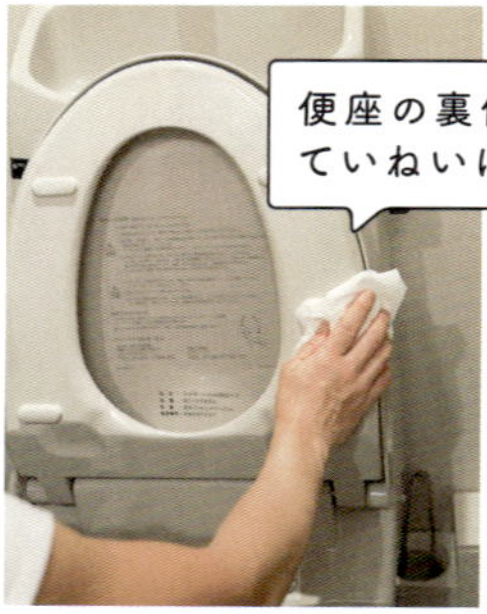
便座の裏側も

便器内からのはね返りによって、思いのほか汚れがびっしりつきやすいところ。しっかり拭いて。

トイレ掃除テク

アルコールを使った拭き掃除も

床用ウエットシートでリビングや寝室の床を拭き終わったら、そのシートでトイレの床も拭きます。その際、アルコールを少し吹きかけて、拭き取り力をアップ。トイレ用マットを敷いていない分、掃除がラクです。ドアノブは来客の前後にも拭きます。

丈夫で使い捨てできる紙製ウエスが便利

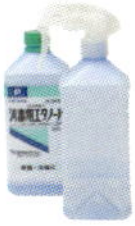

アルコールをスプレーしてしっかり除菌も

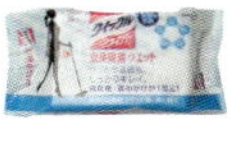

家中を拭き終わった床用ウエットシートで

壁やドアは週1回くらい

アルコールをスプレーして、紙製ウエスで拭く。

ドアノブはこまめに

ドアノブは、細かい部分まできちんと拭いて。

週1回

\黄ばみ、においにさらば！/

トイレの気になる汚れの掃除

専用の洗剤をあれこれ準備しなくて大丈夫！　クエン酸や重曹といった自然素材だけで、しっかり掃除ができてしまいます。

1

便器の内側にはクエン酸パック

便器の内側にクエン酸水をスプレーしながらトイレットペーパーを貼りつけていき、その上からもまんべんなくスプレー。30分ほどおいてパックしたら、そのまま水を流します。

クエン酸を
水アカや汚れに
密着させて！

トイレット
ペーパーにも
まんべんなく

しっかりパックして、水アカや汚れを落としやすく。

memo

**水アカを落とすには
クエン酸スプレーを**

成分は酢と同じながらも、酸性が強く無臭で、掃除をラクに。アンモニア臭を中和する効果もうれしい。

2 パックが終わったら重曹でつるつるに

パックしたトイレットペーパーを流し、そこへ重曹をふりかけてスポンジでこすり洗いをします。尿石や水アカ、カビなどをきちんと除去できれば、においの予防にも。

尿石や水アカがついているかも。しっかりこすってつるつるに。

ふち裏は力を入れて洗えるよう、スポンジを手に持って。

軽い汚れなら、トングでスポンジをはさんでこすればOK。

memo

トイレ用ブラシは菌の温床。使い捨てできる道具を使う

繰り返し使うトイレ用ブラシは、雑菌が繁殖しやすく不衛生。スポンジとゴム手袋を使い捨てにすることで、いつも清潔な状態で使えます。力加減のしやすさも◎。

goods

重曹／食器用スポンジ／使い捨てゴム手袋

重曹の研磨作用を利用。使い古した食器用スポンジは半分に切って、使い捨てゴム手袋をはめた手に持ち、しっかりこすり洗いを。

3 タンクの水受けなどにもクエン酸パック

タンクの水受けや吐水口《とすいこう》も、水アカが気になったらクエン酸水をスプレーして、キッチンペーパーでパック。30分ほどおいたらペーパーを取り、重曹をふりかけてスポンジでゴシゴシ。

水滴が乾燥することで白くなったり、ホコリがこびりついて黒くなったりするところ。

goods

クエン酸水／重曹

水アカがこびりつきやすい部分は、クエン酸水でパック。その後、重曹をふってこする。

4 タンクの中には重曹＋クエン酸水を

タンクの中がカビなどで汚れていると、そこに入っている水も汚くなります。それを放置したままでトイレの水を流すと便器が汚れやすくなるので、洗浄液でキレイに。

水受けの穴から重曹を入れる。

クエン酸水を流し入れる。

goods

重曹／クエン酸水

重曹とクエン酸を合わせて得られるシュワシュワとした発泡効果が、しつこい汚れを浮かせる。

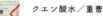

5 便器と床の境目の汚れをかき取る

便器と床の境目にたまりがちな、水アカのようなこびりつき汚れ。ここをキレイにするには、セスキ水を吹きつけた紙製ウエスやキッチンペーパーを割り箸に巻いて、掃除しましょう。

芯を押しつぶし、角を使って汚れをかき取っていくのも手軽でおすすめ。

goods

紙製ウエス／割り箸

紙製ウエスを割り箸に巻けば、細かい部分の掃除にぴったり。使い終わったらそのまま捨てられて衛生的。

memo

消臭にはこまめな掃除だけでも効果が

トイレのにおい対策をしたいなら、あれこれ消臭剤を使う前に、掃除をしっかりしておきましょう。そもそもにおいの原因は、便器や壁についた尿の飛沫など。これを放置してしまうから、細菌が繁殖してアンモニアが発生し、悪臭を放つことになるのです。きちんと掃除された空間なら、お気に入りの香りを楽しむこともできます。

PART 5

ルーティンにしている朝の掃除で、帰宅したときも気持ちいい！

ラクして続く家事テク③

リビング&ダイニング編

家族が集いホコリが舞い散りやすい空間は、効率的にキレイにしましょう。家具・家電それぞれにぴったりな掃除法も要チェックです。

Q 掃除するタイミング、どっちがラク？

帰ってから
のんびり
掃除がラク？

A 朝はバタバタするから、帰宅後に掃除する

NG! 帰宅した時間によっては、騒音が気になる掃除機などは使えないので、粘着式クリーナーをコロコロ。

疲れて帰ってくると掃除するパワーがない…

外出の支度をするだけでも忙しい朝に、掃除をしている余裕なんてない！という家庭が多いかもしれませんね。そのため、掃除は帰宅してからゆっくりやろうと考えがちです。でも、家に帰ってきたころには疲れてしまっていて、掃除する気力も体力もなくなっていたりするもの。汚れた部屋に帰ってくるのですから、なおさらでしょう。そうしてどんどん汚れやホコリがたまっていくことに…。

帰るのが
楽しみになる！

B

ちょっと早起きして、朝から掃除する

OK! 明るいうちなら、掃除機も音を気にせずしっかりかけられる。日光の明かりでホコリも見えやすい。

朝、窓を開けて換気するだけで運気もアップ！

時間に余裕を持って起きたら、窓を開けて部屋の空気を入れ替えましょう。風水では、部屋に新鮮な空気を取り込めば、いい運気も呼び込めるといわれます。私は特別信じているわけではありませんが、掃除や片づけで気をつけていることのなかには、風水でよいとされるものがあります。換気後は、床、窓、家具、家電なども掃除。部屋の明かりが不要なので、電球の傘なども安全に拭けます。

＼これでピカピカ！／

リビング掃除の基本ルール3

リビングの汚れは、空気中のホコリが床に落ちたもの、皮脂、食べこぼしたものが中心。毎日ラクに掃除しましょう。

1 床掃除は朝のうちに

ホコリが空気中に舞い散らない朝のうちに、掃除機をかけるのが効率的。夜だと、ホコリは空気中に舞っているので効率がよくありません。床についた皮脂などの汚れは、掃除機をかけた後に、ウエットシートで拭き取って。

使う道具

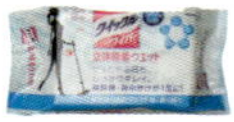

床用
ウエットシート

掃除機

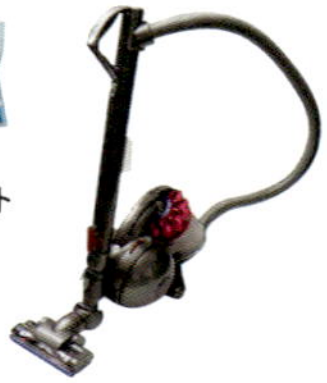

2 窓ガラスは外側・内側を定期的に

窓ガラスの外側の汚れは、お湯と住居用洗剤を混ぜたものをたっぷり使って洗い流します。から拭きで仕上げて、ピカピカに。内側には、おもに手アカなどの皮脂汚れがついているので、アルコールでさっと拭き掃除を。

使う道具

ファイバー
クロス

住居用洗剤

3 電球の傘や棚、家電はサササッと

ホコリは空気中を舞うことによって、電球の傘や棚、家電の上などにくっつきます。目立つホコリがある場合は、ハンディモップでキレイにしてから、さっと拭き掃除を。取れにくい汚れにはセスキ水で拭くのがおすすめです。

使う道具

ファイバー
クロス

セスキ水

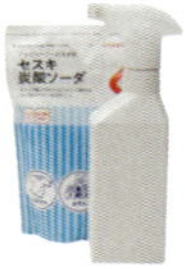

床掃除はホコリが舞い散らない朝に掃除機をかける

部屋の中を舞うホコリは、人が寝ている間に床へ下りてきます。そこで翌朝、人が動き回ってホコリを舞い上げないうちに、掃除機をかけてしまいましょう。ここでできる限り取ってしまえば、家具などに積もっていくホコリを減らすことができます。

ホコリを取ったら汚れを拭き取る

掃除機で取れるのは、ホコリやゴミだけ。残った汚れは、しっかり拭いて取り除きましょう。床用ウエットシートが手軽で便利。

memo **床用ウエットシートで汚れを拭き取る!**

あらかじめホコリやゴミを取っておくことで、1枚あたりの使用目安とされる広さ以上の範囲を拭けます。

リビング掃除テク

窓ガラスの外側は、たっぷりの住居用洗剤水で洗い流す

住居用洗剤は、お湯に混ぜて使います。食器用洗剤でもOK。雑巾には、着古したTシャツなど不要な布を活用すると便利。洗剤水で濡らし、水けは絞らずびちゃびちゃの状態で窓を拭いていきます。

バケツ半分ほどのお湯に、住居用洗剤をワンプッシュ入れて混ぜる。

洗剤水をたっぷり準備

仕上げはから拭き

乾いたファイバークロスや、紙製ウエスで拭き上げます。

ついでにサッシの汚れも洗い流して

窓を拭き終わったら、ついでにサッシも拭きます。ここで雑巾はかなり汚れるので、そのまま捨てられる古着などを使うと◎。

リビング掃除テク

窓ガラスの内側は、アルコールをシュッとひと吹き

掃除の頻度は特に決めていないので、手アカなどの汚れが気になったときに、アルコールを吹きかけてファイバークロスで拭きます。窓がキレイだと、そこから入ってくる空気もキレイな気がしてくるものです。年に1回は、カーテンの洗濯もします。

これだけでピカピカに

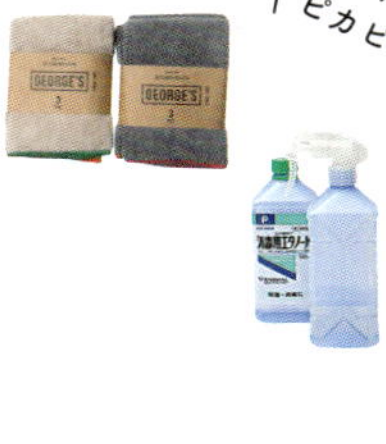

memo

窓の大掃除は梅雨の前がベスト!

我が家では、窓の外側は年に2回くらい、寒くない時期に掃除しています。ただ、どんなにがんばってもプロのようにはできないので、年に1回、清掃業者に窓の大掃除をしてもらいます。春の花粉の飛散が終わり、梅雨が来るまでの間が最適です。

窓の大掃除中にカーテンを洗濯

薄いレースカーテンには洗濯用洗剤と酸素系漂白剤を、厚いドレープカーテンには洗濯用洗剤と柔軟剤を使い、洗濯機の標準コースで洗います。脱水したらフックをつけ、カーテンレールにかけて乾かします。傷みが気になる生地は、手洗いコースで。

リビング掃除テク

電球の傘や棚などはセスキ水でさっと拭くだけ

細かいホコリがたまりやすい部分は、さっと拭き掃除を。どの部屋にもいえることですが、ドアから見て最初に目につくところをキレイに整えておくと、その部屋全体が片づいている印象になります。

ファイバークロスにセスキ水をシュッ!

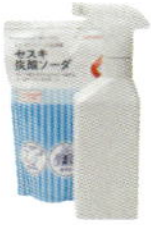

拭き跡が目立つ場合は水拭きを

セスキ水をファイバークロスに吹きつけ、拭き掃除。点灯中は熱くなるので、電気を消した状態で作業できるよう日中にします。

棚はファイバークロスでさっとひと拭き

棚などのホコリが気になれば、ファイバークロスでから拭きします。汚れているなら、セスキ水などを使っても。我が家のリビングではこの棚が目につきやすいので、特にキレイに。

goods

大きなホコリはあらかじめ払って

あまりにもホコリがたまっているなら、拭き掃除の前にハンディモップでキレイにするのがいいでしょう。

テレビやリモコンはアルコールでキレイに

ファイバークロスにアルコールを吹きつけて、テレビやパソコンなど電化製品も拭いてしまいます。テレビなどの裏側やコンセントまわりには、ホコリをためないようにハンディモップや掃除機を使って。火災予防のためにも大事なポイントです。

リモコンは綿棒で細かい汚れを取る!

リモコンは、ボタンとボタンの間に汚れがたまりがち。紙コップに入れたアルコールをひたした綿棒で、細かい溝までしっかり拭いていきます。

goods

ちょっとした汚れにはアルコールで十分

アルコールは揮発性が高いので、電化製品の拭き掃除におすすめ。手アカなどの油汚れもムラなくキレイに拭き取れます。

布製ソファの汚れは、重曹＋掃除機ですっきり！

座面や背もたれに重曹をふっておくことで、皮脂汚れが中和され、また脱臭効果も得られます。木製のひじ掛けなどがあるなら、ファイバークロスなどの布にセスキ水か住居用洗剤を吹きかけて拭きましょう。

重曹をふって10分ほどおいたら掃除機で吸う

掃除機で重曹を吸い取れば、汚れもにおいも除去できます。

memo

革製＆合皮製ソファの掃除は？

ホコリはから拭きで除去。汚れがあれば、革なら革用クリーナーを、合皮ならぬるま湯で薄めた住居用洗剤をタオルに含ませて拭き取り、水拭きとから拭きを。

毎日の掃除は粘着式クリーナーで

布製品には、髪の毛やペットの毛がついてしまうもの。粘着式クリーナーで、毎日キレイに掃除しましょう。

リビング掃除テク

スイッチパネル&ドアノブはアルコールでピカピカに

スイッチパネルの細かい溝は麺棒で

紙コップに液を少量入れ、綿棒をちょんちょんとつけて拭いて。

毎日触るスイッチパネルやドアノブには、皮脂汚れなどがたまっていきます。気づいたときに掃除しておきましょう。拭き掃除しづらい細かい部分には、綿棒を使うのがポイントです。汚れによって、アルコールの他、セスキ水などを使い分けて。

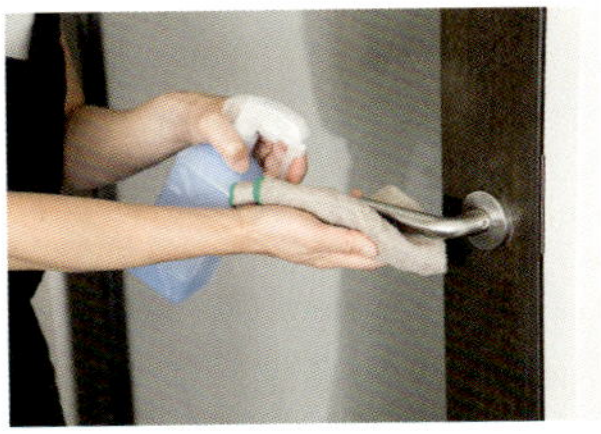

ドアノブはアルコールでひと拭き

ドアノブもこまめに掃除します。ファイバークロスとアルコールを使って拭き、キレイに。

memo

エアコンの掃除は割り切って業者に頼む

手の届きやすいパネル部分はアルコールまたはセスキ水で拭きますが、内部の掃除は清掃業者に頼みます。

Q ダイニングテーブル、どっちが便利？

使いたいときに
すぐ手が届いて
便利だけど…

A いつでも何にでも手が届くように、ものを置いておく

✕

NG! 小物入れにはどんどんものがたまり、雑誌やチラシなどは積み重ねてごちゃごちゃになりがち。

掃除がしづらいうえに、見映えも悪い…

リモコンや雑誌、小物など、ものを置くほどに生活感が強く出て、すっきりとした空間とはほど遠い部屋になってしまいます。例えば箱入りのティッシュを、テーブルをはじめあちこちに何個も置いている家庭も多いのでは？ 使う瞬間は確かに便利かもしれませんが、掃除の邪魔になり、見映えが悪く、在庫の管理も大変そうです。ちなみに我が家では、ティッシュは洗面所にしか置いていません。

すっきり見えて
掃除も家事も
ラクに！

B
いつでもなんでもできるように、ものは置かない

OK! テーブルの上に何もないだけで、部屋全体がすっきり見えて、気持ちいい。

便利な作業台にできて、掃除もしやすい！

　ダイニングテーブルは、食事をするためだけでなく、例えば、洗濯物をたたむ、資料を広げて見る、子どもが勉強をする、友人を集めて小さなイベントごとを楽しむなど、いろいろなシチュエーションで使える便利な作業台です。テーブルの上にものを何も置かないでおけば、作業にさっと取りかかれるうえ、掃除もスムーズにできます。作業が終わった後は、その都度きちんと片づけます。

毎日でもラクチン！

ダイニング掃除の基本ルール3

家族が集まって食事をするダイニングは、食べこぼしやホコリなどの汚れが。清潔に保つための掃除のコツを押さえて。

1 テーブルの上には何も置かない

ダイニングはキッチンとリビングの間にあり、家の中で最もものが集まりやすい場所。ものが集まれば掃除がしにくくなるので、何も置かないのが基本です。家族の生活・行動パターン、性格を分析して、片づける習慣をつけて。

いつもすっきりをキープ

2 テーブルは水拭きが基本

食事の後に食器類を片づけたら、食べこぼしなどの汚れをテーブル上に残さないよう、必ず水拭きを。除菌のためには、アルコールをスプレーしておくと◎。テーブルの上が片づいていれば、拭き掃除がラクにできます。

使う道具

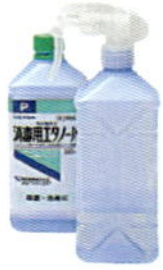

アルコール

ファイバークロス

3 椅子も水拭き。汚れにはセスキ水を

テーブルを水拭きしたら、ついでに椅子も拭き掃除。テーブルと同様に食べこぼしや、ホコリなどがついていることもあるので、それらはセスキ水を使って拭き取ります。脚の下は、朝の掃除のときにキレイにします。

使う道具

ファイバークロス

セスキ水

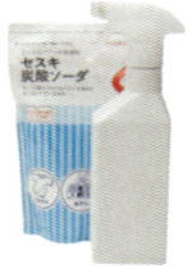

ダイニング掃除テク

テーブルは基本的に水拭き。除菌にはアルコールをスプレー

ダイニングテーブルは、水拭きで十分です。我が家では、テーブルクロスは使っていません。水拭きしやすいビニール製でも、使っているうちに波打ち、くすんでいくのが気になるからです。テーブルの傷防止のためなら、ランチョンマットを使えばいいのです。

菌が気になったら シュッとひと吹き

食中毒対策をしたいときなどは、アルコールをスプレーしてファイバークロスで拭きます。これで除菌完了。

memo テーブルの上に何もないと掃除が本当にラク!

毎日拭くテーブルにいろいろとものを置いておくと、掃除のたびにいちいち動かさなくてはならず、面倒です。食事や作業に使ったものは、その都度きちんと片づけておきます。

ダイニング掃除テク

椅子の座面は水拭きを。脚や枠はセスキ水で拭き取る

テーブルの上を拭いた後は、椅子の座面を水拭きしましょう。汚れが目立つ場所は、セスキ水を吹きつけたファイバークロスで拭きます。また、枠のすき間にたまった汚れは、割り箸にキッチンペーパーを巻きつけたぐるぐる棒に、セスキ水をつけて掃除します。

枠にたまった汚れは セスキ水＆ぐるぐる棒で

ぐるぐる棒は、紙コップに入れたセスキ水をつけながら使用。枠の溝に沿わせるように汚れを取って。水で薄めた住居用洗剤でもOK。

脚の下まで 毎朝しっかり掃除

テーブルの上に椅子をのせて、脚の汚れをチェック。粘着シートでペタペタとゴミを取ったり、水拭きして汚れを取ったりして。

memo　水拭きで取れない汚れには

皮脂などのタンパク質汚れ、油汚れにはセスキ水が◎。住居用洗剤は、素材を傷めず汚れを落とします。

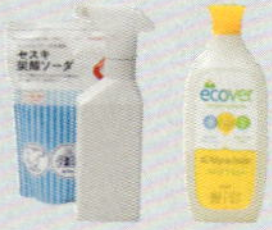

ダイニング掃除テク

食器棚はガラス戸をアルコールで光らせるだけでも

ダイニングに、食器棚を置いている家庭も多いかもしれませんね。ガラス戸がついているものであれば、そこにアルコールをスプレーして、ファイバークロスで拭いて光らせておきましょう。それだけでも、キレイな印象にすることができます。

グラスもピカピカに光らせておいて

食器棚の中の、ワイングラスやタンブラーなどガラス製品もピカピカにしておくと(»p.133)、いっそうキレイに見える。

memo

リビング、ダイニングはものが集まりやすい場所

家族みんなが使うリビングやダイニングは、家の中でいちばんものが出入りして集まりやすい場所。その分、掃除がしにくくなります。個人のものが集まりすぎないよう、定期的に見直しを。ただし、小さい子どもの身支度に使うものなど、リビングやダイニングにあったほうが便利なものもあるでしょう。家族の生活・行動パターンなどに応じて必要なものは置き、各自が片づけやすい方法も考えてみて。

COLUMN

牛尾さんに聞く デスクまわりの収納

収納ボックスやファイルをうまく使って仕分けしています。

カテゴリー分けを しっかりして機能的に

デスクまわりは、もしかしたらキッチンよりもいろいろな目的を持ったものが集まるところかもしれません。それゆえきちんとカテゴリー分けしておかないと、しまうのも探し出すのも困難なエリアになってしまいます。特に仕事関連のものは「名刺を雑に扱えば自分も雑に扱われる」「書類を雑に扱えば仕事が雑になってしまう」と肝に銘じて、すぐに取り出せるよう管理しています。

こうすればごちゃごちゃを解消

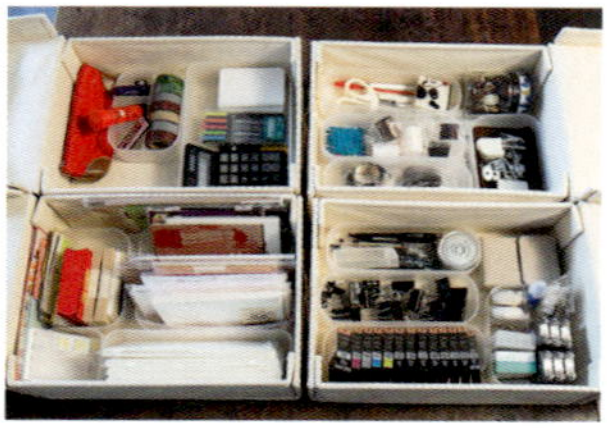

文具類は目的別に仕分け

デスクに引き出しがないので、収納ボックスを棚に置いています。それぞれのボックスをカテゴリー分けし、収納ケースを使ってさらにボックス内を仕分けしています。

ファイルは統一してすっきり

ファイルに直接文字を書き、ラベリングの手間を省略。ファイルの中はクリアポケットを使い、ペラペラめくれば見つかるように。インデックスは貼っていません。

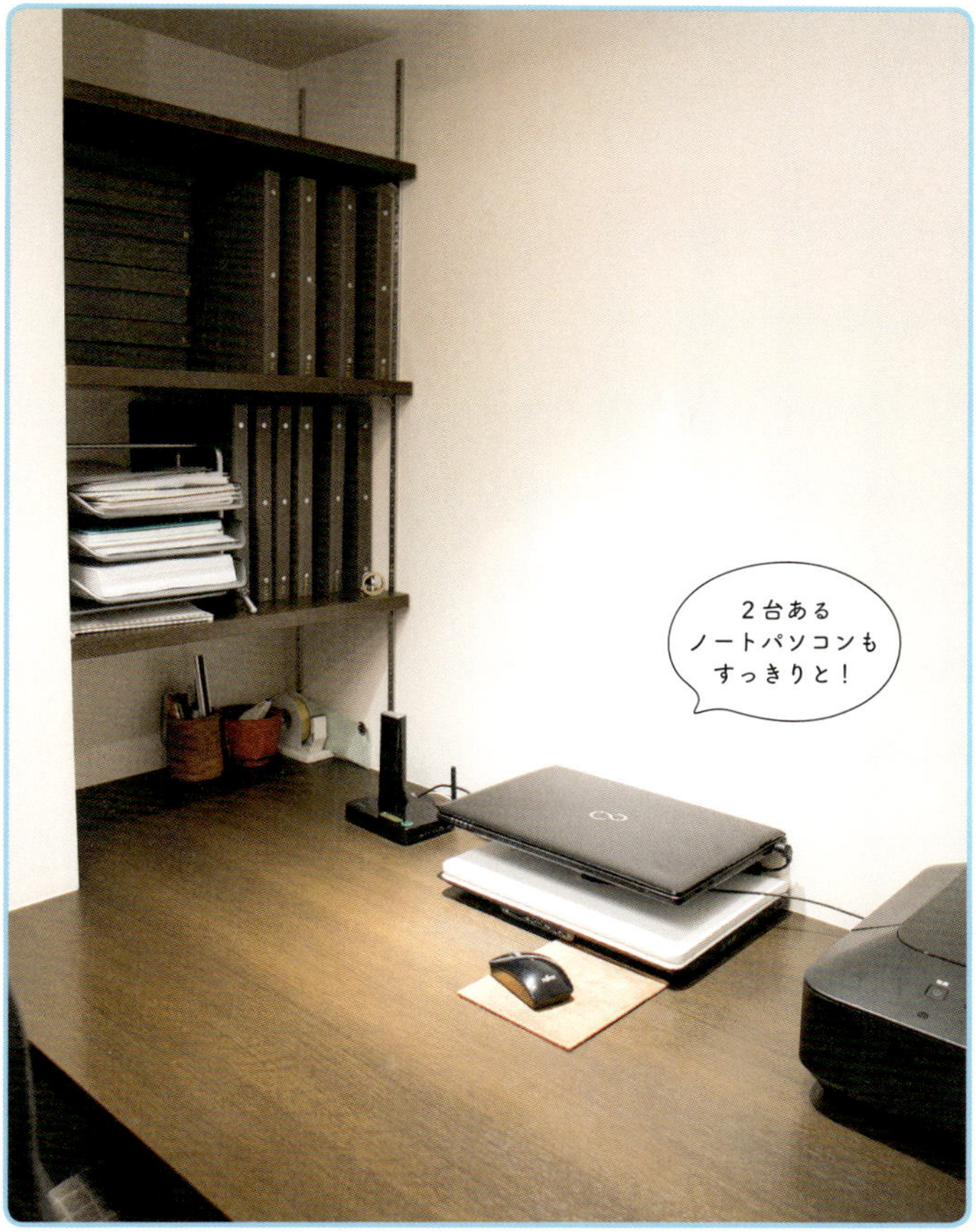

我が家では夫婦揃って自宅で仕事をする日もあるので、ノート型パソコンが2台あります。お皿用の収納ラックを使って重ねておけば、作業スペースも広々。

PART 6

毎日の掃除と定期的な寝具の交換で、ぐっすり眠れる寝室に。

ラクして続く家事テク④

クローゼット&寝室&玄関編

衣類や靴は気持ちよく使えるように、どんな人向けかを踏まえた収納法を紹介しています。ぴったりな方法を見つけてください。

Q 洋服のしまい方、どっちがラク？

A

ハンガーにかけるだけで完了

つるして、クローゼットに収納

OK! ハンガーはできるだけ同じ種類で揃えることで、よりすっきり収納できる。

たたむ手間なしでラク！
探しやすさも◎

洋服の収納は、ハンガーにかけてクローゼットにつるしておく方法が圧倒的にラクだと思います。洗濯物をたたむ手間が省けるうえに、一着一着が見やすくなるので、毎日の服選びがスムーズにでき、コーディネートもしやすくなります。それに、ハンガーが足りなくなるほどたくさんの洋服は持たないようにしよう、という基準ができるので、無駄な買い物を防ぐことにもつながります。

形を揃えて
たたんですっきり

B

たたんで、たんすに収納

△

OK! 服選びに手間取りそうな収納。それでも、つるすと型崩れする洋服は、たたむほうが安心。

キレイにしまえるものの、形や柄がわからない…

形を揃えてたたんだ洋服を引き出しなどに入れておく方法は、見た目がすっきりするのでよさそうな気がします。けれど、たたむのに手間がかかりますし、服選びの際には見分けがつきづらく、結局あれこれ広げてしまうことにも。ただし、ハンガーにかけると型崩れしてしまう洋服は例外です。その場合は、段ボールや衣類用トレーを活用することで、ぐっとラクにたたむ収納ができます。

これですっきり！

クローゼット収納の基本ルール3

限られたクローゼットのスペースの中で、つるす、たたむなど、使いやすく取り出しやすい収納のコツを覚えましょう。

1 基本的にはつるす収納にするのが◎

衣類の収納は、つるす方法が圧倒的にラク。洗濯物をたたむ手間が省けるほか、全体が見やすいのでコーディネートしやすくなります。長さ、着る人、季節、色などを基準に分けておくと、さらに使いやすくなります。

使う道具

ハンガー

2 衣装カバーと不織布で衣替えをラクに

つるす収納だと、衣替えもラクになります。季節外の服には、ホコリや汚れ、色あせから守るための衣装カバーをかぶせて。不織布を使うと、さらに手軽。着る季節が来たときには、かぶせたものを取るだけで衣替えは完了です。

使う道具

衣類カバー

不織布

3 型崩れしやすい洋服はたたむ

ハンガーにかけると型崩れしやすいTシャツやセーターなどは、たたむのが◎。幅を揃えてたたむとキレイに重ねて収納できるので、段ボールを使ってたたみます。衣類用トレーを使って重ねると、取り出しやすくなります。

使う道具

段ボール

衣類用トレー

クローゼット収納テク

洋服は基本的につるす。ハンガーの数を決めておいて

つるす収納では、使いやすい高さや位置を見つけることがポイントです。まずは、使う人の身長に対応させるとよいでしょう。また、

奥まったところから洋服を探し出すのが面倒なら手前側に配置するなど、その人の性格に合わせてみるのもひとつの手。

ハンガーの数は決めておく

使うハンガーの数を基準に服を持てば、無駄な買い物の防止にも。

上には背が高い人の洋服を

洋服の丈も長めなので、収納スペースに余裕のある上のほうへ。

下には背が低い人の洋服を

丈の短い洋服なら、下のほうでもすっきり収納できる。

memo

その人にとって使いやすい収納法を

我が家では、かがんだり奥まったところをごそごそ探したりしなくて済む、ウォーキングクローゼットの手前側や高い位置は夫用です。

クローゼット収納テク

衣装カバーや不織布を使えば、面倒な衣替えがラクに！

洋服は基本的につるして収納すれば、衣替えもとてもラク。季節外の服には不織布をかけておき、着るときが来たらそれを取るだけでOKです。ホコリをかぶる、汚れる、色あせるといった心配は無用！

memo

スーツやコートには衣装カバーをかけて

長い間使わないスーツやコートには、衣装カバーをかけておきます。中が見える窓がついていると便利。

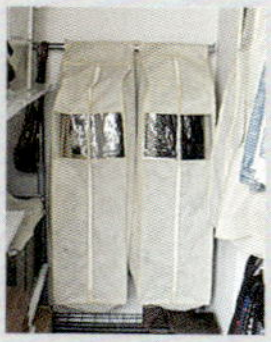

memo

ホコリから守り、汚れや色あせも防ぐ不織布

通気性がありながら、汚れなどをブロックできる便利な不織布。適当な大きさに切り、シーズン外の洋服にかけておけば、次に着るときまで安心して収納できます。

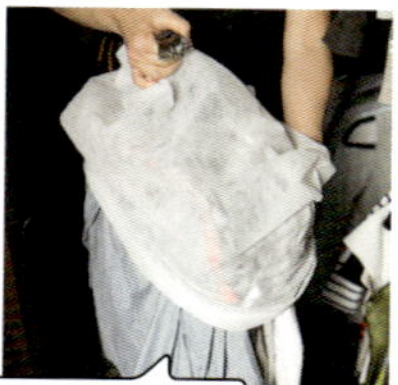

季節外の洋服は不織布で隠す

10着ほどをまとめて不織布でカバー。着る季節になったら、不織布を取るだけで衣替え完了！

洋服に合わせて自由にカット！

クローゼット収納テク

型崩れが心配な洋服はたたみ、取り出しやすく棚へ収納

セーターなど、ハンガーにかけると伸びやすい洋服は、たたんで棚に重ねます。Tシャツはつるす収納が便利ですが、肩幅がハンガーに合わず型崩れしてしまうなら、たたんで収納するのがよいと思います。

memo

棚に収納するときも背の高さを考慮して

つるす収納だけでなく、たたむ収納でも使う人の背の高さを考慮して。家族みんなにとって使いやすい収納を心がけましょう。

段ボールを使ってたたみ衣類用トレーにのせる

形を揃えてたたんだ洋服を1枚ずつトレーにのせて重ねれば、見た目も取り出しやすさも◎。

詳しい使い方は
»p.207

memo

たたむ収納のためのトレーが重宝

プラスチック製の衣類用トレー「EZSTAX」を使って洋服を重ねていけば、たたんだ形を崩すことなく、下のほうの洋服もぱっと取り出せます。

クローゼット収納テク

引き出しに収納するときは取り出しやすい工夫を

マフラーはたたんで書類用クリアファイルと交互に立てておくと、するっと取り出せます。肌着や靴下は、引き出しの大きさや深さに合わせたうえ、取り出す際に崩れにくいたたみ方にしておくことがポイント。

クリアファイルですっきり収納！

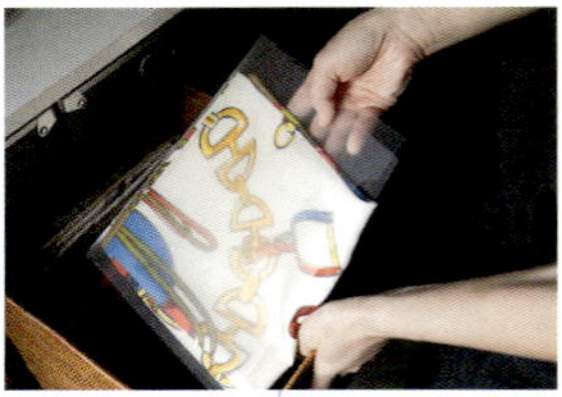

スカーフなどたたんだ形を保ちにくいものはクリアファイルに

たたんで書類用クリアファイルに入れれば、立てる収納が可能に。

下着や靴下はコンパクトにたたむ！

肌着、パンツ、靴下はコンパクトにたたむと、スペースをとらずにしまえます。

詳しいたたみ方は
» p.208

memo

たたみ方を工夫すれば仕切りなしでもすっきり

仕切りを使うと、意外にかさばることも。たたみ方を工夫するだけで、すっきりたくさん収納できます。

クローゼット収納テク

引き出しつき収納ボックスは収納力を2倍にして活用

収納ボックスの本体枠は横にしてバッグを収納

本体から引き出しをすべてはずし、あいたところにバッグを入れていきます。これで、自立せずくたっとなりやすい形のバッグも立ててキレイに収納できるように！

便利なバッグinバッグ

収納ボックスに入らない大きいバッグは、それ自体を収納用に。

収納ボックスの引き出し部分は小物のすき間収納に

はずした引き出しには、ハンカチやベルト、めがねや手袋を収納します。我が家ではこれを、棚と棚のすき間に入れて使っています。ちょっとしたスペースも有効活用できて◎。

memo

収納ボックスは変形しにくいものが◎

私が使っているのは、無印良品の「硬質パルプボックス・引出式・2段」。軽くて丈夫でおすすめです。

番外編

その他の収納

着物や帽子など収納に困るものは、ちょっとした工夫が必要。すっきりしまいながら、通気性などにも配慮しています。

着物は、桐の衣装ケースに収納。キャスターつきのすのこにのせて

着物の収納には、桐の衣装ケースを使っています。でも、それを出したりしまったりするのには結構な労力が必要。そこでキャスターつきのすのこにのせて、移動させやすくしました。通気性もよくなったので、奥まった場所に置いていても着物が傷む心配なしです。

キャスターつきのすのこは、動かしやすさと通気性のよさで重宝。

帽子は、壁にディスプレイして収納

帽子は重ねるとシワができたり、形が崩れることがあり、意外とかさばって収納に困りがち。壁にフックやピンを取りつけてディスプレイすれば場所をとらず、おしゃれな見せる収納に。形崩れしにくいうえに通気性もいいのでおすすめです。

COLUMN

Tシャツ、下着、靴下の たたむ収納HOW TO

すっきり収納するには、たたみ方も重要。手順を覚えましょう。

Tシャツ

段ボールを使ってたたむ

同じ大きさになるように、段ボールをガイドにしてたたむのがポイント。

1

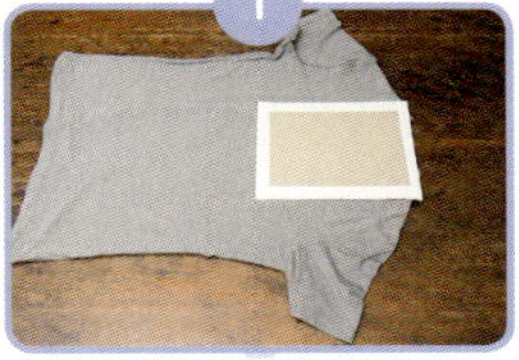

背中側を上にして、えりぐりから胸のあたりに段ボールを置く。

2

段ボールに沿って、そでと身ごろをたたむ。

3

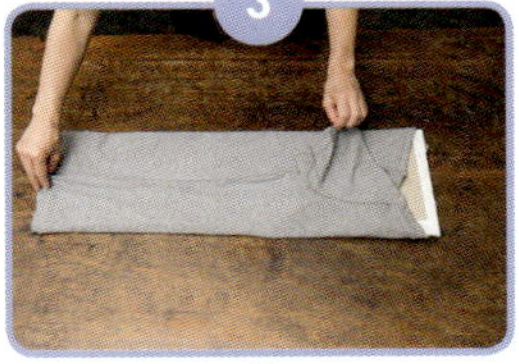

反対側のそでと身ごろも同じようにたたむ。

4

すそを肩のほうに持っていくようにたたむ。

5

段ボールを抜き取り、たたんだ服を表に返す。

6

memo 段ボールと衣類用トレーで、すっきりたためる・取り出せる

たたみ終わりの大きさを想定して段ボールを切り、まわりにビニールテープを貼ります。

トレーにTシャツをのせて重ねていけば、たたんだ形をキープしたまま取り出せます。

肌着

軍隊巻き

肌着のたたみ方として、省スペースでシワになりにくい方法です。

1

背中側を上にして、左右のそでと身ごろを肩幅に合わせてたたむ。

2

丈が2/3になるようえりぐり側をたたみ、すそをぐるっと折り返す。

3

すそに向かって端から丸め、すその折った部分の下側をかぶせる。

4

ブラトップ

コンパクト巻き

カップ部分に負担をかけないコンパクトなたたみ方をマスターして。

1

背中側を上にして、カップのアンダー部分からすそ側にたたむ。

2

さらにカップの上の部分をすそ側にたたみ、横長の長方形にする。

3

カップをつぶさないように、横方向にくるくると筒状に巻く。

4

パンツ

三つ折り

立たせて収納しやすい！　おもにボクサーパンツにおすすめ。

1

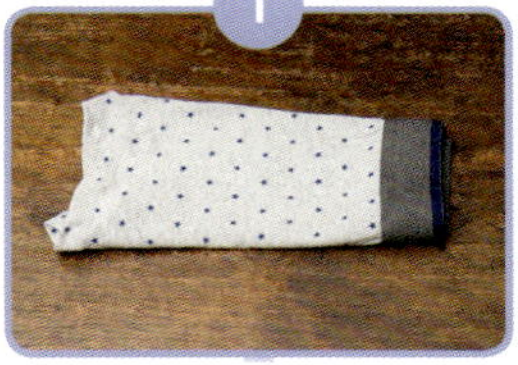

両端を内側に向かってたたみ、三つ折りにする。

2

ゴム部分を持ち上げて、丈が2/3になるようにたたむ。

3

ゴム部分にすそを差し込んで、形を整える。

4

完成！

靴下

差し込み折り

ゴム部分につま先のほうを差し込んでコンパクトに。

1

ゴム部分をかかとのほうへ向かってたたむ。

2

つま先部分もかかとのほうへ向かってたたむ。

3

つま先のほうの折り目をゴム部分に差し込んで、形を整える。

4

完成！

COLUMN

衣類のお手入れHOW TO

ここでは衣類の洗い方をメインに、流れや注意点を紹介します。

1 洗濯表示をチェックする

2016年12月に、洗濯表示が変更されました。新旧それぞれの表示の意味を理解して、家庭での洗濯の可・不可、洗濯の強度や温度の上限など、適した方法を把握しましょう。

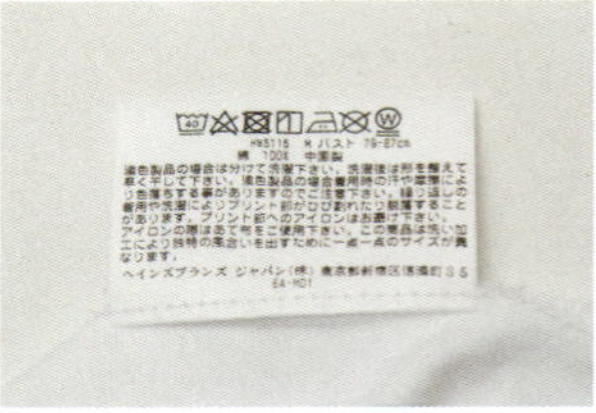

タグが一般的。衣類の生地に直接印字されているものもある。

おもな洗濯表示をチェック！

手洗いができる。水温の上限は、旧は表示されている数字の通りで、新はすべて40℃。

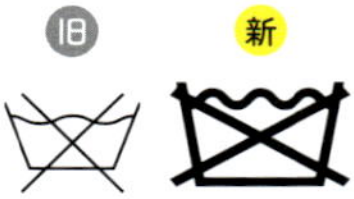

旧は水洗いできない、新は家庭で洗濯できないことを表す。クリーニングに出すのが◎。

洗濯ネットが必要な場合、旧では洗濯機で洗えるマークに併記。新では「洗濯ネットを使用してください」などの注意書きがある。他にも必要な対応は文章で付記されている。

数字が表す水温を上限に、洗濯機で洗える。新の下線は、多いほど強度を弱めて洗うことを表す。

※参考文献：『この一冊ですべてがわかる！ 家事のきほん新事典』（朝日新聞出版）

2

洗濯の前に仕分けをする

洗濯表示や汚れの度合いをもとに仕分け。家で洗うものは、生地の色、漂白剤や柔軟剤を使う・使わない、洗濯の強度などでさらに分け、洗う手順を組み立てましょう。

① 白いもの

他の洗濯物の色移りを避けるため、白いものはまとめる。

② 色柄もの

タオルなどと一緒にすると白いホコリが目立つので分けるとよい。

③ 汚れがひどいもの

洗濯の強度を高めて洗うものをまとめ、水温や洗剤を調節する。

④ 洗濯ネットに入れるもの

洗濯ネットを使用するようにと付記のあるものを分ける。

⑤ 手洗いするもの

手洗いできるという洗濯表示があるものを分ける。

⑥ クリーニングに出すもの

ドライとウエットがある。どちらもクリーニング店へ。

3

ひと手間かけて最終チェック

洗濯機に入れる前のチェックが雑だと、洗い直しが必要になったり、衣類が傷むなど、残念なことに。必要なポイントを覚えて、余計な手間を増やさないようにしましょう。

ファスナーをとめる

糸くずがからまる、金具が他の衣類を傷つけるといったことを回避。

ボタンをとめる

ボタンが割れるのを防ぐ。衣類を裏返しておくのも効果的。

色落ちの有無を見る

色柄物は目立たない場所に洗剤の原液をつけて5分ほどおき、白い布を押しつけてみる。色落ちしたら別洗いを。

ポケットを空っぽに

ティッシュなどが入っていると、全体に散らばりこびりつくことに。

4

ひどい汚れは部分洗いを

普通に洗うだけでは落ちないような黄ばみ、黒ずみ、シミのある衣類は、洗う前にそれぞれに適した対処をしましょう。その後に洗濯すれば、よりすっきりと洗い上がります。

memo

衣類の頑固な汚れには酸素系漂白剤を

洗剤で落ちない汚れは、漂白するのがおすすめ。粉末の酸素系漂白剤は、綿、麻、化学繊維など普段着の素材であれば広く使えて、色柄物にもOKなので使いやすいです。

えり・そでの
黒ずみには
部分洗い用洗剤

皮脂汚れに効果的な部分洗い用洗剤をつけ、古歯ブラシで軽くこすってなじませた後すぐに洗濯機で洗う。

黄ばみなどには

洗濯用洗剤を水に溶かして衣類をつけ、15〜30分おいてから洗濯機へ。洗剤液ごと入れてもOK。

洗剤をつけて
こする

汚れている部分を濡らして固形石けんをつけ、こすり洗いしてすすいでから洗濯機に入れる。

泥はねは
乾かしてから
かき出す

泥汚れは湿っていれば乾燥させてから、掃除用ブラシを使って泥をかき出していく。

goods

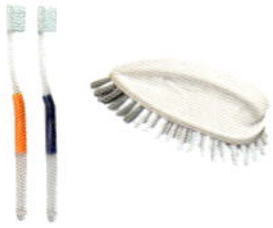

古歯ブラシ／掃除用ブラシ

汚れが小さければ古歯ブラシを、広い範囲の汚れには掃除用ブラシを。生地を傷めないよう注意。

5 シミがついたらすぐに落とすのが基本

シミはついてから時間がたつと落ちにくくなるので、なるべく早く対処を。とはいえ慌てて方法を間違えると逆効果になることもあるので、冷静に落とし方を見極めましょう。

あて布をして、シミ部分をたたきながら汚れをあて布へ。こすらないように注意。

シミ部分に食器用洗剤をつけ、こすらずたたきながら、あて布に汚れを移す。

シミの種類とシミ抜きの方法

しょうゆ コーヒー ジュース	カレー タレ ドレッシング	赤ワイン	血液 牛乳
水性	混合性	不溶性	タンパク性
水洗いで落ちなければ、あて布をしてシミを水で濡らし、洗剤をつけて古歯ブラシで軽くたたく。	水性と油性の混合。洗剤とクエン酸を同量混ぜてシミに塗布し、お湯につけてもみ洗いしてすすぐ。	あて布をし、漂白剤と重曹を同量混ぜてシミに塗布。しばらくおいて、汚れが薄くなったら洗濯機へ。	洗剤をつけて古歯ブラシでたたくか、漂白剤につけおき。血液を洗うときは、お湯ではなく水を使う。

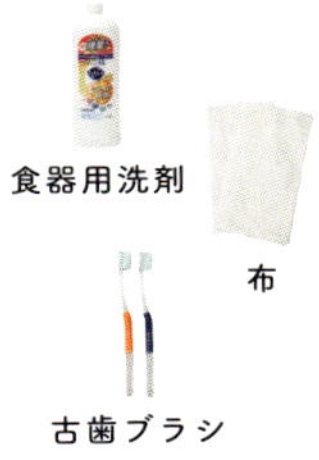

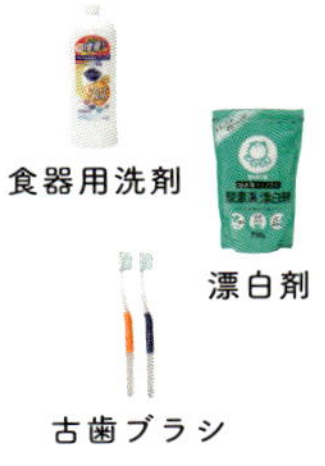

ふかふかの布団でぐっすり！

寝室掃除の基本ルール3

寝室は髪の毛が落ちたり、皮脂や汗の汚れがつき、ホコリが舞い散る場所。気持ちよく寝るためにキレイにしましょう。

1 できるだけものは置かない

寝室には、ドレッサーやハンガーラックがあったり、本や雑誌、マッサージ道具などの小物を出しておきがち。ものが多いと、髪の毛やホコリがたまりやすくて掃除しにくいので、できるだけものは置かず、すっきり収納を心がけて。

すっきり収納を

2 シーツやカバーは週に1回交換

布団のシーツやカバーは、汗や皮脂の汚れ、ホコリなどがついて汚れています。週1回は、シーツやカバーの交換をしましょう。天気がいい日の朝に洗濯機で洗って日中干しておけば、夜寝るまでには乾きます。

天気のいい日に洗濯！

3 布団とベッド下に掃除機をかける

布団用ノズルをつけた掃除機で、掛け布団と敷き布団のホコリを取りましょう。ついでに、ベッドの下も掃除。引き出しタイプの収納がついているとホコリがたまりやすいので、引き出しをすべて出して掃除機をかけて。

使う道具

掃除機

寝室掃除テク

ホコリが立ちやすい場所なので ものは置かず掃除をラクに

寝室は、布団があるというだけでホコリが立ちやすい場所です。いろいろ飾って楽しみたい気持ちはわかりますが、掃除のしやすさからも、地震対策の点からも、ものは置かないほうがいいと思います。

ラクラク床掃除！

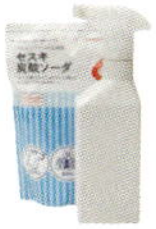

汚れがあったらひと吹きして

床も毎朝掃除して

毎朝、家中の床掃除は寝室からスタート。掃除機でホコリを取った後に、床用ウエットシートで拭きます。

電球の傘などの拭き掃除も

細かいホコリがついているところは、ファイバークロスでさっとから拭き。汚れが気になればセスキ水を。

寝室掃除テク

シーツや寝具のカバーは週に1回交換すると決める

我が家では毎週土曜日か日曜日に、シーツや寝具のカバーを交換しています。天気や日中の在宅状況で判断して、どちらか都合のいい日に洗濯。ただ、予備のシーツは断捨離しているため、土日とも都合が悪い場合は、別の日にするか1週間諦めます。

朝起きたらシーツとカバーを洗濯

交換する日の朝、起きたらシーツとカバーをはずして洗い、天日干しして、乾いたら布団にかけます。天気のいい日を選ぶのが◎。

memo

家族が多い、仕事が忙しいなどの場合は予備があると便利

予備のシーツは収納場所をとるので、できれば断捨離したいもの。ただし、家族の人数が多い場合や、仕事で忙しくなかなか洗濯に手が回らない場合は、予備があると便利です。その場合は数を最小限に抑え、ベッドの下に収納を。

掛け布団と敷き布団は布団用ノズルをつけた掃除機で

簡単には洗えない掛け布団と敷き布団は、掃除機に布団用ノズルをつけて、ホコリなどを吸い取ります。その後、我が家では布団乾燥機で乾燥。掃除機をかけるついでに、ベッド下も掃除するといいでしょう。

ホコリを吸い取ったら布団乾燥機で乾燥させる

重い布団を天日干しするのは大変なので、布団乾燥機を使ってラクにふかふかに。

ベッド下を収納スペースにしている場合も多いと思います。その荷物を毎週動かすのは大変なので、せめて月1回くらいは掃除を。

memo

天日干しするときは?

布団乾燥機がなければ、天日干しをしましょう。日差しの強い夏なら午前中の1〜2時間、日差しの弱い冬なら昼前後に半日程度を目安に干せばOK。

Q 靴のしまい方、どっちが便利？

もうしまうところがない！

A 無理してでもすべての靴を下駄箱に詰め込む

NG! 最初は１組ずつ揃えて入れていても、すべての靴を入れようとすると、最終的にこんなことに！

無理に詰め込むのは型崩れなど傷む原因にも

靴は下駄箱にしまうのが当然だと考えて、無理に押し込みぎゅうぎゅう詰めにしてしまっていないでしょうか。これでは、靴裏などの汚れが他の靴についてしまったり、型崩れや傷の原因になったりもします。そのうえ、お手入れのタイミングを逃しやすい点からも、靴の寿命を短くしてしまうことに。また、下駄箱には砂ボコリなどがたまりやすいのに、掃除がしづらいのも難点です。

下駄箱に
しまうものと
決めつけない

B
季節外の靴は
クローゼットにもしまう

OK!

靴用に収納ケースを用意して、クローゼットへ。これなら、ロングブーツも形をキレイに保てる。

衣替えのタイミングでお手入れもできて◎

サンダルやブーツなど、使う季節が決まっている靴もあります。下駄箱の限られた収納スペースを、季節外の靴に使ってしまうのはもったいないですよね。クローゼット内に場所を確保し、靴も衣替えをしてみてはいかがでしょうか。靴と洋服を同じ場所にしまうことに抵抗があるかもしれませんが、靴をキレイにすれば大丈夫。下駄箱に余裕が生まれ、靴のお手入れもできて、一石二鳥です。

すっきり！清潔！

玄関収納&掃除の基本ルール3

「玄関はその家の顔」といわれるほどなので、キレイにしておきたい場所。便利な収納法から掃除法まで紹介します。

1 下駄箱は便利で使いやすい収納を

靴を下駄箱に収納する際は、使う人の身長に合わせると使いやすくなります。身長の高い人の靴は上段に、身長が低い人や子どもの靴は下段に収納を。また、玄関に置いておくと便利なものも、下駄箱周辺に収納しておくと便利です。

下駄箱まわりに

2 収納グッズを使いコンパクトに

下駄箱に靴をたくさんしまいたいなら、コンパクトに収納できるグッズを使ってみましょう。片足分の幅で、１足をすっきり収納できます。１日履いていた靴は、ひと晩たたきに出しておいて湿気を取り、翌朝にしまいます。

使う道具

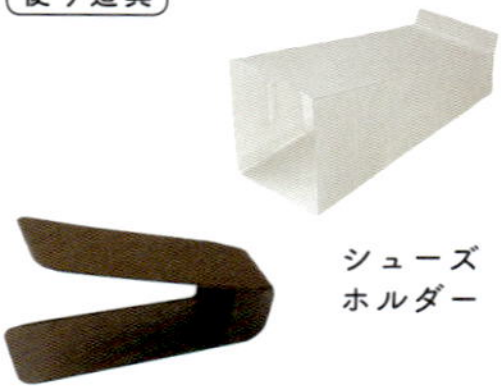

シューズホルダー

3 下駄箱の掃き掃除は不用品で

下駄箱掃除は、靴の衣替えの際に砂ボコリを掃くぐらい。古靴下などをほうきのように使い、使い古したクリアファイルをちり取り代わりにして使い捨てます。たたきは、朝の床掃除で使い終わったウエットシートで拭き上げて。

使う道具

古Tシャツや古靴下など

古クリアファイル

玄関収納テク

靴のサイズや数、使う人の身長や性格に対応させて

我が家の場合、夫と私では靴のサイズも持っている数も違います。それに身長や性格も違うので、同じ下駄箱の中でも収納方法を変えています。それぞれにとって使いやすい工夫をするのがいいと思います。

上段には背が高い人の靴を

夫の場合、かがまず出し入れできるよう上段を使用。また、きっちり詰めるのが苦手なのでゆったりめに。

下段には背が低い人の靴を

私の場合、靴をたくさん持っているので、シューズホルダーを使い、きっちりコンパクトに。

靴用の収納グッズでコンパクトに

片足分の幅で、1足をすっきり収納。これなら季節外のものを奥にしまうことで、靴の衣替えができます。よく履く靴ほど手前へ。

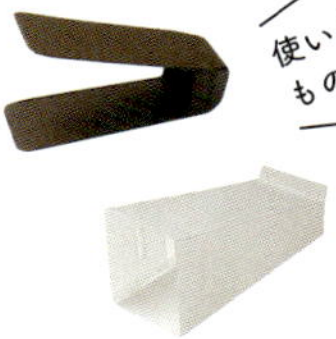

使いやすいものを選んで

玄関収納テク

玄関にあると便利なものはなるべく下駄箱に収納を

我が家の下駄箱は2列に分かれているので、片方には靴を、もう片方には使用頻度の低いものをまとめて入れています。ゴルフ用シューズやおしゃれ履き、靴のお手入れグッズはもちろん、郵便物が届いたときの対応に役立つ一式を置いておくのもポイントです。

靴磨きセットはひとまとめに

靴用のクリームやスプレー、ブラシなどを一式かごにまとめて。

いちばん上は郵便受けスペース

届いた郵便物はここに入るので、印鑑やボールペンなど郵便関連のものを置いておくと便利。

ゴルフ用シューズはケースに入れて

頻繁に使うものではないので、こちらの棚へ。

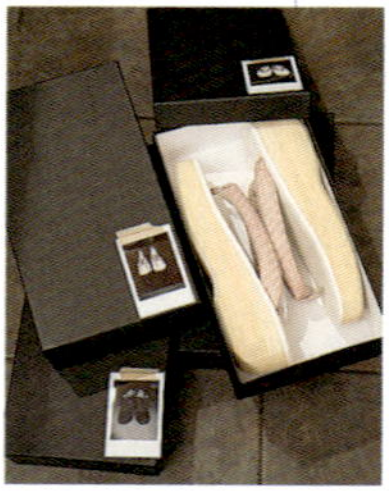

たまにしか使わないおしゃれ履きは箱に

着物やドレスに合わせる履き物は、箱に入れて大切に収納。中身の写真をふたに貼ると便利。

玄関収納テク

たたきに出しておくのはよく履く靴だけにする

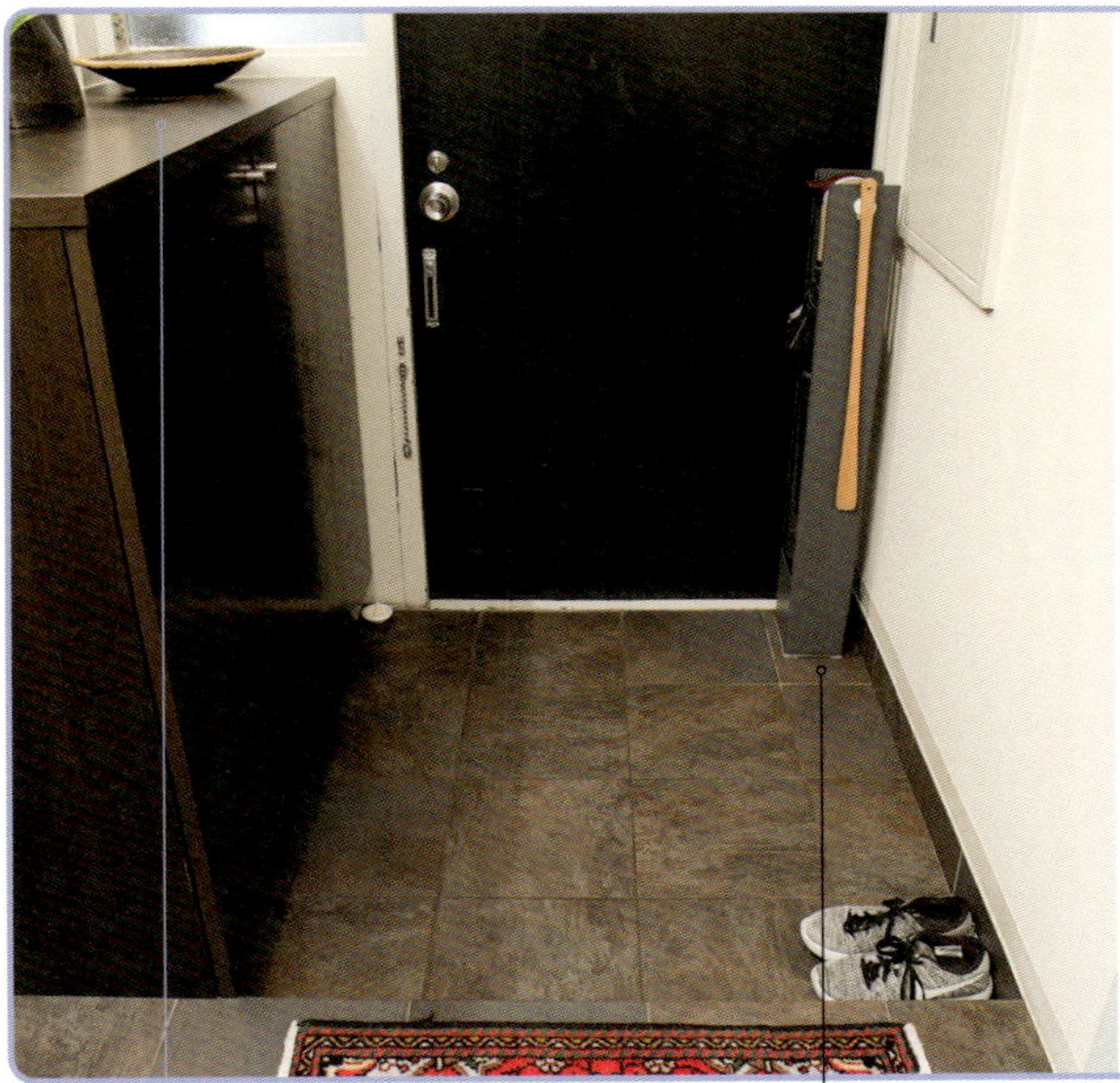

基本的に、ほぼ毎日履く靴以外は、たたきに出しておかないようにします。ただ、1日履いた靴は湿気を取りたいので、ひと晩たたきに置いておき、翌朝の玄関掃除の際に下駄箱にしまっています。

鍵の置き場所を作る

出かける際に探さなくて済むよう、定位置を決めて。

傘は1か所にまとめて

人数分の傘を、コンパクトに収納。靴ベラやつえも一緒に。

memo

ドアにつけられるタイプのキーホルダーも便利

マグネットなどでドアにくっつけられる場合は、このようにしても。紛失しにくく、取りはずしもラクです。

玄関掃除テク

玄関はその家の顔。「すっきりキレイに掃除」が基本

玄関収納の基本ルールを守ることで、玄関掃除はぐっとラクになります。ものをできるだけ下駄箱に収納すれば、たたきなどの掃除がスムーズに。また、靴の収納にシューズホルダーを使えば、下駄箱に砂ボコリがたまりにくいので掃除の回数を減らせます。

下駄箱は古靴下などの不用品で掃き掃除

靴の衣替えの際に砂ボコリを掃く程度なので、使い古した衣類とクリアファイルを、ほうきとちり取りに。

不用品を有効活用！

1枚をとことん使う！

たたきは毎朝ウエットシートで拭き掃除

家中の床を拭き終わった床用ウエットシートを床用ワイパーからはずし、残ったキレイな面で拭き上げて。

COLUMN

知っておきたい靴のお手入れ

大事な靴を長持ちさせるため、適切なお手入れをしましょう。

革靴

皮を保護するお手入れを

ブラシでホコリを落とし、ウエスにクリーナーをつけて拭く。靴クリームを塗って磨いた後、キレイなウエスで磨き上げる。はっ水スプレーをかけ、シューキーパーを入れる。

スエード靴

専用のグッズを使うのが◎

毛足の中のホコリをかき出すようにブラシをかけ、専用の保護ミスト、はっ水スプレーを順にかける。靴クリームで汚れたブラシを使うと変色することがあるので使いまわさない。

スニーカー

汚れをキレイに拭き取って

ブラシをかけてホコリや泥を落とし、クリーナーをつけて汚れを浮かせて、ウエスで拭き取る。シワなどに入り込んだ汚れは、古歯ブラシでこするとよい。仕上げにから拭きを。

ブーツ

ブーツキーパーをはめてから

型崩れ防止にブーツキーパーをはめ、材質に応じて靴と同様のお手入れをする。シーズンの終わりには、ブーツ用の消臭スプレーや防カビミストなどを使うと安心。

memo 汗や雨で濡れたときは

新聞紙などを丸めて入れ、陰干しします。シューキーパーは靴が乾いてからはめること。乾いたらブラシをかけ、普段のお手入れをすればOK。しまうときに防カビミストを。

COLUMN

牛尾さんに聞く 収納庫のこと

棚の段やかごで区切って、必要最低限のものを入れるように。

掃除道具と日用品を収納庫にまとめています

収納庫には掃除に使う道具の他に、ハウスキーピング系、ボディーケア系のストックなどを置いています。ストックがあると安心とはいえ、あまり持ちすぎるとそれだけ収納場所をとることになるので、必要最小限に。箱入りのティッシュも1箱ずつしか買い足していませんが、基本的にティッシュ置き場は洗面所だけなので、管理しやすく、少ないストックでも問題ありません。

上段と下段で使い分けて

下段は掃除道具がメイン

重たい掃除機やスチームクリーナーの他、玄関に近いので、犬の散歩グッズも置いています。ぎゅうぎゅう詰めにしないのが、取り出しやすくしまいやすいポイント。

上段には日用品をストック

最上段にハウスケア用品（工具や電球、スプレー缶など）、その下の段にハウスキーピング系（アルコールや掃除シート）とボディーケア系のストックを分けて収納。

収納に使っているかごや容器は、以前はそれぞれ別のところで使っていたもの。使いまわしているうちに、今はここへ収まっています。そのなかにはスズ竹弁当箱も！

PART 7

下ごしらえしておいた野菜と、肉の半作りおきでぱっと完成！

ラクして続く家事テク⑤

料理編

毎日作る料理は、下ごしらえと「半作りおき」でぐっとラクに！　冷蔵庫がすっきりすることにもつながり、いいことだらけです。

Q だしのとり方、どっちがラク？

A

面倒でも
料理のたびに
とる！

必要な分だけをその都度とる

△

OK! 料理の都度だしをとることももちろんOK。ただ、毎回同じ味にするのはなかなか難しいもの。

少ない量のだしを毎回とるのは意外と大変

大家族なら話は別ですが、たいていの家庭で一度に作る料理は数人分でしょう。我が家は2人暮らしなので、1回の食事に必要なだしは、おわん2杯分程度です。たったそれだけの量を、料理のたびに毎回とるのは大変なこと。単純に手間がかかるうえ、かつお節は量の加減が難しく、入れすぎて味が濃くなったり、足りなくて味気なくなったりと、味にバラツキが出やすくなるのも難点です。

使いたいときに
すぐ使える！

B

まとめてとって冷凍保存する

OK! 冷凍するときは、1回の調理に使う量ずつを保存容器に小分け。これでだしをとる回数が減らせる！

まとめてとったおいしいだしで調理もラクに

例えば2Lなど、一度にある程度まとまった量のだしをとり、それを小分けして冷凍保存しておけば、料理はぐっとラクになります。だしをとる際は、必要な材料の準備を済ませておくのもポイント。昆布はちょうどいい大きさに切っておき、かつお節は1回の調理に必要な分を計量して、それぞれ保存しておきましょう。そうすれば、安定して毎回同じ味のだしを簡単にとれるようになります。

＼食事の準備がラクラク！／

料理の下ごしらえの基本ルール3

家事のなかでも、結構大変なのが食事の用意。ほんのちょっと下ごしらえしておくだけで、食事作りがラクになります。

1 だしは材料を計量し、まとめてとって冷凍

だしは、その都度とるのはちょっと面倒。だから、ある程度まとめてとって、粗熱を取り、保存容器に入れて冷凍しておくと便利です。材料のかつお節は、１回分ずつ保存袋に入れて、冷蔵庫に保存しておくといいでしょう。

＼あると便利なだしストック／

2 葉物野菜などは洗い、調理に合う大きさに

小松菜、水菜、白菜などの葉物野菜は、そのまま野菜室に入れず、よく洗って、ざく切りにしてビニール袋に入れておきます。リーフレタスはよく洗い、１枚ずつはがしてビニール袋へ。こうすれば、すぐに使えて調理の時短に。

＼すぐ調理できて時短に／

3 大根など長い野菜は、長さを半分に切って

大根や長ねぎなどの長い野菜は場所をとるので、買ってきたら半分に切って、ラップで包みビニール袋に入れて野菜室へ。立てて収納できるので、スペースを取りません。使うときにメニューを考えやすくなる点も便利です。

＼収納しやすくメニュー決めにも便利／

だしの材料は計量しストック。まとめてとっただしは冷凍を

鶏がらスープやコンソメスープにはスープの素を使いますが、和風だしは自分でとるようにしています。材料は、計量してからストック。昆布はちょうどいい大きさに切り、保存瓶へ。かつお節は保存袋に20gずつ入れて空気を抜き、冷蔵庫へ。

とっただしは保存容器に入れて冷凍

1回量ごとに保存容器に入れて冷凍保存を。使うときは自然解凍するか、容器から中身を出して鍋に入れ、火にかけて。

保存期間　冷凍 2週間

memo　その都度とると味にムラが出る場合も

少人数分のだしをとる場合、かつお節の分量を調整しづらく、毎回同じ味に仕上げるのは難しいものです。おいしさの点からも、だしは2L分などまとめてとるのがおすすめ。

リーフレタスなどは1枚ずつはがして洗っておく

リーフレタスなどの葉物野菜は、買ってきたときに1枚ずつはがして洗い、ビニール袋に入れておきます。ちぎった端から少しずつ色が変わってきてしまいますが、調理の際にはそこをちぎり取るだけで、すぐにサラダ作りなどに取りかかれます。

洗ったものはビニール袋に入れて野菜室へ

芯の方を下にして、ビニール袋に入れて密封。野菜室に入れる際も、芯を下向きに。立てるようにすれば、すっきり収納できる。

memo **泥がついている野菜も洗っておく**

泥つきのごぼうやじゃがいもなどの野菜は、買ってきたらすぐに洗って泥を落としておきましょう。使う際にラクなうえ、野菜室も汚れず、キレイをキープできます。

料理の下ごしらえテク

調理でざく切りにする野菜は あらかじめ切っておく

小松菜や水菜、白菜などは、買ってきたらよく洗い、ざく切りにしてビニール袋に入れます。こうしておくだけでも、調理がラクになるので助かります。ただし切り口から傷みやすくなるので、献立の予定がある程度立っているときにするのがいいでしょう。

白菜のざく切り
炒め物やスープ、鍋料理などにすぐ使えて便利。

水菜のざく切り
サラダの他、おひたしや和え物、スープに。

小松菜のざく切り
炒め物やみそ汁、スープに。ゆでて和え物にしても。

まとめて洗って切っておく

調理の際にラクになるだけでなく、野菜室にすっきり収納できるところもうれしい。

かいわれ大根や豆苗は根を切りコンパクトに

買ってきたパックのままだと場所をとるので、根を切り落として小分けにしてラップで包み、冷蔵庫内の見えやすいところで保存。そのままの状態よりは日持ちしないので、早めに使いきって。

大根や長ねぎなどは短く切っておく

大根を丸ごと1本買ったら、葉を切り落として根を半分の長さに切って、ラップで包んでビニール袋に入れます。これなら、根の上のほうと下のほう、どちらを使うのかを基準にして献立も決めやすくなります。長ねぎも、適宜短く切ってから同様に保存します。

切ったものは立てて野菜室に収納で省スペース

大根や長ねぎを長いままで野菜室にしまうと、収納スペースを無駄にとることに。短くして立てて収納するのが基本。

memo　使いやすい部位ごとに切り分ける

大根なら上部分は煮物用、真ん中部分は炒め物やサラダ用、下部分は大根おろし用というように、目的別に使いやすい部位ごとに切り分けておくのもおすすめ。

香味野菜の保存もひと工夫すると調理がラクに

メインの野菜だけでなく、いろいろな香味野菜も工夫して保存します。青じそなら、よく洗って保存瓶に入れ、軸の切り口が少しつかるくらいの水を入れて冷蔵室へ。こうすると日持ちが断然よくなりますし、残りがどのくらいあるのかが見やすいので便利です。

にんにくは皮をむいておくと使うときラクチン

にんにくをよく使うなら、皮をむいてビニール袋に入れておくと◎。調理の際に皮をむく工程がなくなるので、ぐっとラクに。

memo 玉ねぎの皮もまとめてむいておく

玉ねぎも使う頻度が高いなら、にんにくと同様まとめて皮をむき、1つずつラップに包むか保存袋に入れて、野菜室に保存を。頻繁に使わないときは、皮つきのままで保存を。

Q 作りおきするなら、どっちがラク？

1週間分を
まとめて作る！

A
味つけ済みで、すぐに食べられる作りおき

△

OK! たくさんのメニューを作りおきしておけばすぐに食べられるけれど、買い物も調理もひと苦労。

同じ味なので飽きやすく
買い物や仕込みも大変

休日を利用して手の込んだおかずをいくつも作りおきしておけば、忙しい平日には調理をする必要がなくなって本当に助かります。ただ、食材をどっさり買い込んであれこれ調理するとなると、せっかくの休日がそれだけで終わってしまうことも。また、同じ味のおかずを食べ続けることになるので飽きやすく、食べきれずに傷ませてしまった、なんてことにもなりかねません。

ちょっとした
時間で準備

B

シンプルな調理と味つけの、半作りおき

OK!

最低限の味つけと加熱が済んでいれば、毎日のおかず作りが本当にラクになる！

塩味だけつけておけば気分次第でアレンジ自由

調理の負担が軽く、毎日おいしく食べられる作りおきを目指しましょう。ポイントは、完成の一歩手前、半作りおきの状態にしておくこと。塩で味つけした食材を煮たり焼いたりするだけなので、空いた時間でできてしまいます。食べたいときには、仕上げ程度の調理をすれば完成。下準備が済んでいる分、調理時間が短縮できますし、シンプルな塩味なので、幅広いアレンジが可能です。

いろいろアレンジできる！

作りおきの基本ルール3

食事作りを断然ラクにするのが、作りおき。完全に作り込んでしまうと飽きる場合もあるので、「半作りおき」が便利です。

1 完成の一歩手前の半作りおきで保存を

作りおきは、時間のないときやもう一品欲しいとき本当に助かりますが、無理に手の込んだものを作る必要はありません。完成一歩手前の「半作りおき」があるだけでも助かります。さまざまなメニューに展開できるので便利です。

手間なしで
バリエ広がる

2 味つけはシンプルに塩のみがおすすめ

肉の「半作りおき」は、塩で下味をつけ、火を通しておくだけ。できたものは保存袋に入れて冷蔵庫で保存します。使うときには、肉の旨みがアップしているうえ、その日の気分でいろいろな料理にアレンジも可能です。

塩味なら和・洋・
中に使える

3 野菜は下ゆで、豆腐は水きりをしておく

野菜の塩ゆでや豆腐の塩漬けがあると、サラダやスープ、和え物などにアレンジできて、献立決めがぐっとラクになります。味つけは塩のみだから、ドレッシングや和え衣などを工夫することで、バリエーションも広がります。

水分が抜けて
使いやすい
ゆでて
おくだけ

半作りおきがあればアレンジ次第でレシピが広がる！

豆腐の塩漬け

» p.249

半作りおきで

毎日の食事作りがラクラク

ブレンダーにかけて

豆腐と青菜のポタージュ

» p.248

和え衣にして

にんじんの白和え

» p.249

切るだけで

豆腐のカプレーゼ風

» p.249

例えば豆腐の場合は、半作りおきの調理をする段階で水きりを済ませておくことができます。それも、塩をふってキッチンペーパーで包んでおくという、とても簡単な作業です。たったそれだけで、いざおかずを作ろうとするときの手間が減り、幅広いアレンジも可能に！　半作りおきは本当におすすめです。

＼レシピ広がる！ ラクラクアレンジ／

ローストビーフで3品

スライスを、サンドイッチにして朝食に、サラダと合わせて昼食に、ソースをかけて夕食にと、3食それぞれにぴったりな一品が完成。

ローストビーフサラダ

ドレッシングにハーブやスパイスを加えても

材料（2人分）

ローストビーフ（スライス）…8枚
パプリカ（赤・黄）…各1/8個
きゅうり…1本
リーフレタス・ベビーリーフ…計200g
Ⓐ レモンの搾り汁…1/2個分
オリーブ油…大さじ1
塩・こしょう…各適量

作り方

1. パプリカは薄切りに、きゅうりは皮を縞目に向いて7㎜厚さに切る。リーフレタスやベビーリーフは食べやすい大きさにちぎる。
2. 1を合わせて器に盛り、ローストビーフをトッピングする。Ⓐのレモンの搾り汁、オリーブ油をかけ、塩、こしょうをふる。

point ▸▸▸
スライスしたローストビーフはすぐにラップで包んでおくと、しっとりとした食感をキープできます。

バゲットのローストビーフサンド

お好みの具材でバリエーション豊富に

材料と作り方（1人分）

ローストビーフ（スライス）…4枚、バゲット…20cm、スライスチーズ…2枚、リーフレタス・粗びき黒こしょう…各適量

バゲットは厚みを半分に切り、軽くトーストする。スライスチーズ、ちぎったリーフレタス、ローストビーフを重ね、粗びき黒こしょうをふり、バゲットではさむ。

パンにはさんで

特別なソースで
夕食のメインに

ローストビーフポートワインソース

コクのある甘口ワインでソースを手作り

材料と作り方（2人分）

ローストビーフ（スライス）…8枚、クレソン…適量、A［ポートワイン…大さじ2、しょうゆ…大さじ1］

鍋にAのポートワインを入れて煮立たせ、しょうゆを加えて混ぜてソースを作る。器にクレソンとともにローストビーフを盛り、ソースをかける。

半作りおきrecipe　保存期間　冷蔵　5日

ローストビーフ　フライパンで極上のおいしさ！

材料

牛ももブロック肉…500g
塩…大さじ1
こしょう…少々
オリーブ油…小さじ2

作り方

1. 牛肉に塩、こしょうをまぶす。
2. フライパンにオリーブ油を熱し、1の両端以外の面を5分ずつ焼く。
3. 2を熱いうちにアルミホイルで二重に包み、粗熱が取れるまでおく。

＼レシピ広がる！ ラクラクアレンジ／

塩豚で3品

旨みたっぷりの肉はもちろんのこと、そのゆで汁もおいしい！アレンジで、主食、主菜、汁物ができてしまいます。

塩豚のピリ辛ソースがけ

お好みでしょうがなどを追加しても

材料（2～3人分）

塩豚…350ｇ
サニーレタス…適量
Ⓐ長ねぎ（みじん切り）
…大さじ2
しょうゆ…大さじ1
酢・砂糖・ごま油
…各小さじ1
豆板醤…小さじ1/2

作り方

1. 塩豚は5㎜厚さに切り、器に盛り、サニーレタスを添える。
2. ボウルにⒶの材料を入れ、混ぜ合わせてピリ辛ソースを作る。
3. 1の塩豚に2をかける。

point ▸▸▸
ピリ辛ソースは多めに作って保存しておくのもおすすめ。刺身や、ゆでた魚にもよく合います。

塩豚の混ぜご飯

旨みたっぷりで彩りもキレイ！

材料と作り方（2人分）

塩豚…150g、かぶ…2個、かぶの葉…適量、ごま油…小さじ2、温かいご飯…400g

塩豚、かぶは1cm角に切る。かぶ、1cm長さに切ったかぶの葉を塩もみして水けを絞る。フライパンにごま油を熱し、具材を入れて塩豚を温め直す程度に炒め、温かいご飯に加えて混ぜる。

小さく切って
ご飯に混ぜて

ゆで汁も
残さず使って

ゆで汁で野菜スープ

野菜は余ったものを
なんでも刻んで入れて

材料と作り方（2人分）

塩豚のゆで汁…400㎖、もやし…50g、豆苗…1/2パック、塩・こしょう…各少々

鍋に塩豚のゆで汁を入れて温め、煮立ったらもやし、食べやすい大きさに切った豆苗を加え、3分ほど煮る。味をみて足りなければ塩を加え、こしょうをふる。＊お好みで、ラー油や白いりごま各適量を加える。

半作りおきrecipe　保存期間　冷蔵 5日

塩豚　ゆで汁ごと保存して！

材料

豚肩ロースブロック肉…500g
塩…大さじ1

作り方

1. 豚肉に塩をまぶす。
2. 1をバットにのせてラップをかけ、冷蔵庫にひと晩おく。
3. 鍋にたっぷりの湯を沸かし、2を1時間ほどゆで、そのまま冷ます。

／レシピ広がる！ ラクラクアレンジ＼

サラダチキンで3品

湯せんで火を通すから、むね肉でもしっとりとした仕上がりに。和・洋・中と、ジャンルを問わずアレンジできます。

チョップドサラダ

肉も野菜もバランスよく食べられる！

材料（2人分）

サラダチキン…1/2枚
黄パプリカ…1/2個
きゅうり…１本
紫玉ねぎ…50ｇ
ミニトマト…10個（100ｇ）
キヌア…大さじ4
Ⓐオリーブ油・
　レモンの搾り汁
　　…各大さじ1
　塩…小さじ1/3
　こしょう…少々

作り方

1. サラダチキン、黄パプリカ、きゅうり、紫玉ねぎはそれぞれ1cm角ほどに切り、ミニトマトは半分に切る。キヌアは袋の表示通りにゆでる。
2. ボウルに1を入れ、Ⓐを加えて和える。

point ▸▸▸
サラダチキンと野菜は同じくらいの大きさの角切りにすること。キヌアのプチプチ感も味わって。

バンバンジー風

お好みで添えた野菜も
ねぎダレで食べられる

材料と作り方（２人分）

サラダチキン…１枚、Ⓐ［鶏がらスープ・長ねぎ（みじん切り）…各大さじ２、しょうが・にんにく（各みじん切り）…各1/2片分、白練りごま…大さじ１、砂糖…小さじ１、ナンプラー…小さじ1/2］

厚めのそぎ切りのサラダチキンを器に盛る。混ぜ合わせたⒶをかけ、お好みでパクチー、トマト、きゅうりを添える。

ねぎダレを
たっぷりかけて

ごま油と
梅干しの
風味がおいしい

ゆで水菜の梅肉和え

梅干しと組み合わせる
新しいおいしさ

材料と作り方（２人分）

サラダチキン…100ｇ、水菜…200ｇ、Ⓐ［梅干し（たたいたもの）…15ｇ、ごま油・白いりごま…各小さじ１］

水菜は熱湯でさっとゆでて冷水にとり、水けを絞る。サラダチキンは食べやすい大きさに裂く。ボウルに具材を合わせ、Ⓐを加えて和える。

半作りおきrecipe

保存期間　冷蔵　5日

サラダチキン

コンビニの大人気商品を手作り！

材料

鶏むね肉（皮なし）…２枚（600ｇ）
塩…小さじ４

作り方

1 鶏肉に塩をまぶす。
2 1を保存袋に１枚ずつ入れ、しっかりと空気を抜いて密閉する。
3 鍋にたっぷりの湯を沸かして火を止め、2を入れふたをし、冷めるまでおき火を通す。

＼レシピ広がる！ ラクラクアレンジ／

豆腐の塩漬けで3品

切る、崩す、ブレンダーにかけるといったさまざまな調理法ができるので、それぞれ違った食感を味わえます。

豆腐と青菜のポタージュ

手間をかけずにスムージー感覚で作れる

材料（1人分）

豆腐の塩漬け…1/3丁分
小松菜…150ｇ
Ⓐ顆粒コンソメスープの素
…小さじ1
水…150㎖
塩・粗びき黒こしょう
…各少々

作り方

1. 鍋にⒶを入れて沸騰させ、ざく切りにした小松菜、ちぎった豆腐の塩漬けを加え、5分ほどゆでる。
2. 1をブレンダーかけ、なめらかにする。味をみて足りなければ塩を加え、粗びき黒こしょうをふる。＊お好みで、仕上げにバター10ｇもしくはオリーブ油小さじ1を加える。

point ▸▸▸
豆腐の塩けがあるので、味見をしてから塩を加えて。ほうれん草や春菊でもおいしくできます。

豆腐のカプレーゼ風

しっかり水きりできた
塩漬けを使うから便利

材料と作り方（2人分）

豆腐の塩漬け…1/2丁分、トマト…1個、バジル…適量、オリーブ油…小さじ1、粗びき黒こしょう…少々

豆腐の塩漬け、トマトは食べやすい大きさに切る。器に盛り、バジルを散らす。オリーブ油をまわしかけ、粗びき黒こしょうをふる。

にんじんの白和え

野菜はお好みのものと
自由に合わせて

材料と作り方（2人分）

豆腐の塩漬け…1/4丁分、にんじん…1本（180g）、Ⓐ［白すりごま・練りごま…各大さじ1、砂糖…小さじ1］、しょうゆ…少々

にんじんは細切りにしてゆでる。ボウルに豆腐の塩漬け、Ⓐを入れて混ぜ合わせ、味をみてしょうゆを加えて和え衣を作る。水けを絞ったにんじんを和え衣で和える。

半作りおきrecipe　保存期間　冷蔵　5日

豆腐の塩漬け　水分が抜けてアレンジしやすい！

材料

豆腐…1丁（300g）
塩…小さじ2

作り方

1. 豆腐に塩をまぶす。
2. 1をキッチンペーパーで包み、冷蔵庫にひと晩おく。

レシピ広がる！ ラクラクアレンジ

塩ゆで野菜で3品

塩がきいているので、そのままでもおいしく食べられます。アレンジも、別の食材と和えるだけだからとっても簡単！

ゆでオクラとしらすのおひたし

お好みでポン酢しょうゆをかけても

材料（2人分）

ゆでオクラ…10本
刻みのり・かつお節…各3g
しらす干し…15g
しょうゆ…少々

作り方

1 ゆでオクラは斜め半分に切る。
2 1を器に盛り、刻みのり、かつお節、しらす干しを散らし、しょうゆをかけていただく。

point ▶▶▶
オクラはまとめて板ずりしてゆでておくと、すぐに使えて便利。和え物やサラダ、スープにもどうぞ。

ゆでブロッコリーの ツナ和え

塩けとツナの旨みで簡単においしく

材料と作り方（2人分）

ゆでブロッコリー…200g、ツナ缶（油漬け）…小1缶、しょうゆ…少々

ボウルにゆでブロッコリー、油をきったツナを入れて和える。器に盛り、しょうゆをかけていただく。

おつまみにも最適

いわしの
油漬けで
もう一品

ゆでキャベツと オイルサーディンの レモン和え

パスタに合わせるなど
さらにアレンジしても◎

材料と作り方（2人分）

ゆでキャベツ…200g、オイルサーディン…1缶、レモンの搾り汁…小さじ2、粗びき黒こしょう…少々

ボウルにゆでキャベツ、ほぐしたオイルサーディンを入れて混ぜる。レモンの搾り汁、粗びき黒こしょうを加えて和え、器に盛る。

半作りおきrecipe

保存期間　冷蔵 3日 ／ 冷凍 2週間

ゆで野菜

塩をきかせてゆでておくと便利！

材料

オクラ…16〜20本
ブロッコリー…1株
キャベツ…1/4個
塩…大さじ1

作り方

1. オクラはヘタとガクを取り、板ずりをする。他の野菜は食べやすい大きさに切る。
2. 鍋に湯を1.5L沸かし、塩を加える。オクラは30秒、他の野菜は1分30秒ゆでる。
3. 2をそれぞれザルに上げ、広げて冷ます。

それぞれの場所と汚れに応じた掃除用アイテムが、一目でわかる早見表です。詳しい掃除方法は、各紹介ページを参考にしてください。

	洗面所		浴室					
冷蔵庫 p.103~105	鏡、蛇口、洗面ボウル p.151	洗濯機 p.157	壁 p.164	シャワーヘッドなど p.162、163	鏡、蛇口 p.163	排水口 p.161、165	配管、シャワーホースなど p.165	浴室全体 p.165
扉や庫内  アルコール  セスキ水 上の面	 アルコール		 セスキ水					
製氷機  クエン酸水 ＋  アルコール			軽い湯アカ  セスキ水	 重曹  クエン酸水	 クエン酸水			
		 酸素系漂白剤 or 塩素系漂白剤				 アルコール  酸素系漂白剤	 酸素系漂白剤	 浴室用くん煙剤

場所別 汚れ＆掃除アイテム早見表

場所／汚れの種類	キッチン						
	シンク »p.73、74	排水口 »p.75	ガス台、五徳など »p.80、83	魚用グリル »p.81、82	換気扇（パネル、フード） »p.87	換気扇（ファンなど） »p.88、89	電子レンジ、オーブン、トースターなど »p.90、91
油汚れ（皮脂汚れを含む）	 食器用洗剤		手ごわい汚れ： セスキ水 こびりつきや焦げ： 重曹	 食器用洗剤 こびりつきや焦げ： 重曹	 セスキ水	 酸素系漂白剤  食器用洗剤	外側： セスキ水 or  アルコール  重曹：こびりつきや焦げ
水アカ汚れ	 クエン酸水						
カビ汚れ（除菌の目的を含む）		 重曹 ＋  クエン酸水					

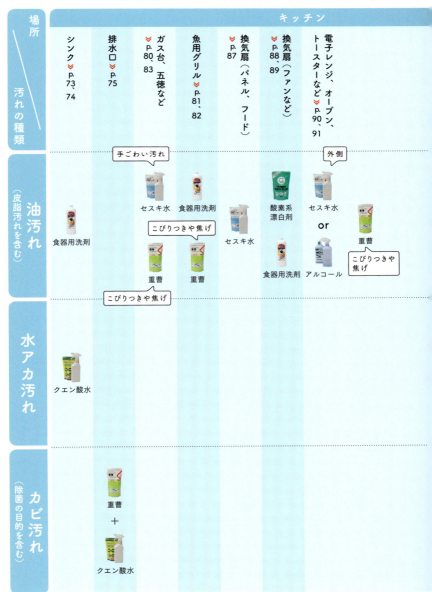

	リビング			ダイニング			寝室、クローゼット		玄関
	ソファ（布製）≫p.186	電化製品、スイッチパネル、ドアノブ≫p.185、187	窓ガラス≫p.182、183	テーブル≫p.191	椅子≫p.192	食器棚≫p.193	床≫p.215	電球の傘≫p.215	たたき≫p.224
	 重曹	 アルコール	内側  アルコール		 セスキ水 or  住居用洗剤	 アルコール	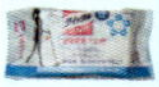 床用ウエットシート	 セスキ水	
			外側  住居用洗剤						
				 アルコール					 床用ウエットシート

場所／汚れの種類	トイレ							
	壁、床 ≫p.171	便座≫p.170	便器（床との境目）≫p.175	便器（内側）≫p.172、173	タンク（外側）≫p.169	タンク（水受け、中）≫p.174	床≫p.181	電球の傘、棚など≫p.184
油汚れ（皮脂汚れを含む）	 床用ウエットシート ＋  アルコール	 トイレ用拭き取り剤「まめピカ」					 床用ウエットシート	 セスキ水
水アカ汚れ			 セスキ水	 クエン酸水 ＋  重曹	 トイレ用拭き取り剤「まめピカ」	 クエン酸水 ＋  重曹		
カビ汚れ（除菌の目的を含む）	 アルコール							

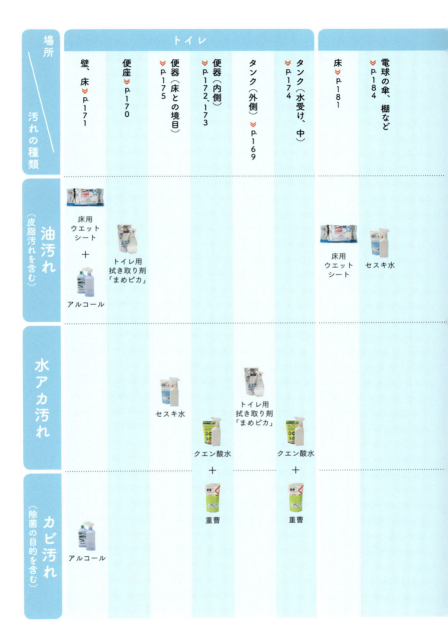

著者

牛尾理恵（うしお りえ）

東京農業大学短期大学部を卒業後、栄養士として病院の食事指導に携わる。その後、料理の製作会社勤務を経て、料理研究家として独立。手軽に作れてバランスのよい料理に定評がある。著書に『30分で3品完成！ 作りおき糖質オフおかず210』（西東社）、『重ねて煮るだけ！ おいしいおかず』（学研プラス）など多数。また、掃除・収納も大の得意で、来客の多い仕事場兼自宅は常にキレイ。料理の撮影で数々のキッチンを使った経験を生かし、その場が使いやすくなる収納などを実践している。

Ｓｔａｆｆ

撮影　安部まゆみ
デザイン　吉村 亮　大橋千恵（Yoshi-des.）
編集協力　キムアヤン
編集・構成　丸山みき（ＳＯＲＡ企画）
編集アシスタント　柿本ちひろ（ＳＯＲＡ企画）　大森奈津
イラスト　なかざわ とも
取材協力　尾崎千秋（ライフオーガナイザー）
企画・編集　森 香織（朝日新聞出版 生活・文化編集部）

もっと簡単《かんたん》に、ずーっとキレイ！
ラクして続《つづ》く、家事《かじ》テク

著者　牛尾理恵
編著　朝日新聞出版
発行者　橋田真琴
発行所　朝日新聞出版
〒１０４-８０１１　東京都中央区築地５-３-２
電話　(03)５５４１-８９９６（編集）
(03)５５４０-７７９３（販売）
印刷所　大日本印刷株式会社

ISBN 978-4-02-333232-4

定価はカバーに表示してあります。
落丁・乱丁の場合は弊社業務部（電話03－５５４０－７８００）へご連絡ください。
送料弊社負担にてお取り替えいたします。